一日一語、はじめて読む人の論語入門三六五

安岡定子

致知出版社

はじめに

『論語』の言葉は、あなたの「人生の土台」となる！

『論語』は、なぜ長い歳月、読み継がれているのでしょうか。

そこには、人生と仕事の原理・原則がしっかりと述べられているからだと思います。

私の祖父・安岡正篤の言葉に、「不安な時代に我々はどこに安心を求め、生活に力を入れるか。それには血の出るような生活の中から戦い抜いた先哲の研究が一番である」というものがあります。

これこそが、私たちが、『論語』などの先哲から学ぶ意義でしょう。

物質的にどんなに発展しても、人間の本質は変わりません。その本質を磨いてくれるのが先哲の言葉、古典なのです。

私は、月に一度「論語塾」を開催しています。先日、その塾に通っている若い女性が、次のような言葉を寄せてくれました。『論語』の言葉が、彼女の体の中で熟成されて、その人生の土台になっていることを実感でき、大変嬉しく思ったものです。

日々の生活に行き詰った時、ふと『論語』に立ち返ることがあります。たとえば、「己の欲せざる所は、人に施すこと勿れ（自分が厭だと思うことは、人にはしない）」という言葉がありますが、人と関わる上で大切なことを、これほど端的に表している言葉は他にないと感じます。

また自分の性格や、仕事についてあれこれ悩んでしまうとき、『論語』の次のような言葉がスッと心に入ってきて助けてくれる瞬間があります。

「人の己を知らざるを患えず。人を知らざるを患う（人が自分の実力を知ってくれないことを心配すべきではない。自分が他人のことを知らないことの方が心配だ）」

「これを知る者は、これを好む者に如かず。これを好む者は、これを楽しむ者に如かず（知っているだけの人は、好きになった人には及ばない。好きになった人も、楽しんでいる人には及ばない）」

「徳は孤ならず、必ず隣有り（徳のある者は、孤立することはない）」

どれも何度も読んできた定番の章句ですが、人生や仕事で、迷いや困難に直面したとき、私にとって、いつでも取り出せるお守りのような言葉です。

長い人生の中の、ほんのわずかな時間だけでも構いません。『論語』に触れることで、この若い女性のように、そこに書かれてある言葉が必ず、それを読む人の「根っこ」になってくれるのです。

「君子は本を務む。本立ちて道生ず（君子という者は、ものごとの根本に力を注ぐものだ。根本がしっかりすれば、道は自ずから開けるものだ）」という言葉が『論語』にあります。

君子はまず根本に力を注ぐ。まさに地中にあって見えない「根っこ」です。

そこがしっかりすると、太い幹が育ちます。

そうすれば自ずから道は開けていくのです。

『論語』には、人間の「苦悩、嘆き、喜び、希望」のすべてが込められている

『論語』は、約二千五百年前の中国の魯という国に生まれた大思想家であり、教育者でもあった孔子の言行録です。

孔子の死後、弟子たちによって『論語』は編纂されました。孔子とその弟子たち、さらには当時の為政者たちとのやり取りを通して、私たちは孔子の教えの神髄に触れることができるのです。

かつて、私の恩師が、「『論語』はしょせん人間模様だ」と言われたことがありました。まさに、その通りで、『論語』には、その時代を生きた人間の苦悩や嘆き、喜びや希望が込められています。

現代の私たちと同じことで先人たちも悩んでいたことを知ると、少しホッとします。

企業の研修で『論語』の名文・名句を読んでいたときの話です。研修終了後、ある受講生

から、次のようなことを言われました。

「『論語』には、コンプライアンス（法令順守）も、エンゲージメント（職場と従業員の関係性）も、コーポレートガバナンスコード（企業の持続的な成長や価値の向上を目指すための取り組み）なんかも、既にもう全部含まれているんですね」

私は、そんなふうに感じられるその人の感性が、素晴らしいと思いました。大人の方々と『論語』を味わえる研修、講座は、私の気づきの場でもあり、とても新鮮です。

二十年という歳月を経て、少し肩の力を抜いて、言葉の世界を逍遥できるようになったことも、私の嬉しい変化です。また少しは祖父の心情を理解できるようになった気がします。「人の己を知らざるを患えず。人を知らざるを患う」（8月2日参照）という章句を祖父は以下のように解釈しています。「人が己れを知ってくれようがくれまいが問題ではない、そもそも己れが己れを知らないことの方が問題だと解釈した方が、もっと私には切実に感じられる。……中略……本当に人間というものは幾歳になっても、自分というものが一番わからんものであります。」（『論語の活学』）こんな風に味わえるようになりたいと思う年齢になりました。

そして、何よりも次世代に何を残せるのか、何を残すべきなのか、一層真剣に考えるようになりました。五十年後、百年後の人のために、今できることのヒントは、先人の言葉の中にあることは間違いないのです。

一日一語――よき言葉によって、人は磨かれ、深みを増していく

『論語』には、およそ五百の章句が収められています。

この本は、その中から『論語』をはじめて読む人のために、三六五の章句を選びました。初心者の方でもわかりやすいように、楽しめるように、できるだけやさしく解説してあります。

本書の執筆をお引き受けした日から、毎日、『論語』の章句が頭の中を巡っていました。章句を選ぶのは、想像以上に難しい仕事でしたが、まずは『論語』を初めから全編をじっくり読んでみました。

好きな章句や特別な想いのある章句は、何度読んでも心に響くものがあります。その一方で、全く意識になかった章句もいくつかあり、新たな出会いによって、それらを味わう機会を得ることができました。

言葉はどこにも行きません。いつもすぐそこにあるのに、そのことに人は気づかないのです。自分から手を伸ばして言葉を掌に載せてみれば、そこから豊かな精神世界が広がるのです。人は人によって磨かれ、よき言葉によって深みを増していきます。

ですから、なるべく優れた、よき言葉を傍らに置いておきたいですね。

古典はただ古いだけではなく、古くて優れているものです。傍らに置くには最適です。先哲が遺してくれたものを活かさないのは、なんともったいないことでしょう。

本著を手にして愛読して頂けたら、大変嬉しいです。皆様に長く寄り添ってくれる名言にきっと出会えると思います。

本著の出版に際しまして、ご尽力頂きました致知出版社の藤尾秀昭社長、書籍編集部の小森俊司様はじめ皆様に感謝申し上げます。

令和七年一月

安岡定子

※凡例

各ページの章句は、『論語の講義（新装版）』（平成十二年新装第七版／諸橋轍次・著／大修館書店）、および『新釈漢文大系1　論語』（昭和五十九年改訂十七版／吉田賢抗・著／明治書院）を参考にしました。

なお、「曰わく」の読み方については、孔子の言葉の場合、曰《のたま》わく、孔子以外の人物の言葉の場合、曰《い》わく、としております。

一月

1月1日

子《し》曰《のたま》わく、故《ふる》きを温《たず》ねて新《あたら》しきを知《し》れば、以《も》って師《し》と為《な》るべし。（為《い》政《せい》篇）

先生がおっしゃった。
「昔の人の教えや過去のことについて学習し、そこから新たな考え方や取り組み方を見つけられれば、人を教える先生となることができる。」

新しいことや難しいこと、苦手意識のあることに取り組む時には、一度立ち止まって先人の考え方や生き方を見習ってみましょう。過去の出来事の中には、きっと解決のヒントがあるはずです。

しかし遠い過去を振り返ることだけが「故きを温ねる」ことではありません。あなたの身近にいる経験者に話を聴いてみる、やり方を真似してみる。これも「故きを温ねる」ことになります。また昔の人が全てをうまく解決できていた訳ではありません。失敗例からも学び、同じことを繰り返さないようにすることもできます。大事なことは、過去の出来事や人物から学んだことを今の私たちが活かすことです。

1月2日

子曰《しのたま》わく、剛毅木訥《ごうきぼくとつ》、仁《じん》に近《ちか》し。（子路《しろ》篇）

先生がおっしゃった。
「口下手でも強い心を持って実行できる人は、仁者と言えるだろう。」

剛毅朴訥は四字熟語です。強い意志があり、飾り気がなく無口なことを表します。剛毅は正しいことを決断し、実行できる力です。人に対して強い態度をとるのではなく、自分に対して厳しいという意味です。そのような人物はたとえ口下手であっても人前で話すことが苦手でも、人から信頼されます。口は達者だけれども行動が伴わない人になってはいけないという戒めでもあります。

正しい行いが必ずしも評価されるとは限りません。理解されないこともあります。むしろ疎《うと》んぜられるかもしれません。しかしどのような状況でも強い意志を持って、一貫して誠実な態度がとれることが、人の心を動かします。

1月3日

子曰《しのたま》わく、苟《いや》しくも仁《じん》に志《こころざ》せば、悪《あ》しきこと無《な》きなり。

（里仁《りじん》篇）

先生がおっしゃった。
「もしも人々が仁を目指して努力さえするならば、悪いことは起こらないだろう。」

仁とは孔子が最も大事にした一言です。思いやりや誠実さです。人が持っているよい資質のひとつです。その仁を大事にしながら生きていれば悪いことは起こらないと孔子は言いました。簡潔で大胆な言葉のように感じますが、私たちひとりひとりが仁者を目指すことを心がければ、世の中は良くなるはずです。そう信じたいです。

私利私欲に走る、自分の欲求を満たすために人を蹴落とす。様々な人の姿を見てきた孔子だからこそ言えた言葉かもしれません。どのような時代にも結局仁者が増えることがよい国造りに繋がるのでしょう。まず自分自身が仁を忘れない日々を過ごせることが大切です。

子《し》曰《のたま》わく、学《まな》びて思《おも》わざれば、則《すなわ》ち罔《くら》し。思《おも》いて学《まな》ばざれば、則《すなわ》ち殆《あやう》し。（為政篇）

先生がおっしゃった。
「人から学んだだけで、自分で考えることをしないと、何もはっきりとはわからない。ひとりで考えているだけで広く学ばなければ、狭く偏ってしまう恐れがある。」

学ぶことと考えることはどちらも同じくらい大事です。学んだことを本当に理解するためには、復習し自分で考えてみることが必要です。罔という字は輪郭がぼやけていることを表します。何となくわかったから大丈夫という感覚では、いい土台造りはできません。

様々なことに興味を持ち、豊かな発想力がある場合はどうでしょう。その発想の根拠や確実性を求める姿勢も大事です。人物や書物から学ぶ、自分の経験から推測する。よい思考は謙虚に学ぶことで実現していきます。

学習と思考のバランスは、誰にでも必要です。

1月5日

子曰《しのたま》わく、吾《われ》回《かい》と言《ものい》う、終日《しゅうじつ》違《たが》わざること愚《おろ》かなるがごとし。退《しりぞ》いて其《そ》の私《わたくし》を省《かえり》みれば亦《また》以《も》って発《はっ》するに足《た》る。回《かい》や愚《おろ》かならず。（為政篇）

先生がおっしゃった。
「私が（弟子の）回と一日中対座して話していても、彼はただ聴いているだけで、質問すらしてこない。まるで愚か者のように思えた。しかし彼の日常を垣間見ると、私が語ったことを全て理解して、実践しているではないか。彼は愚かではなかった。」

※回とは顔回のこと。顔淵《がんえん》ともいう。『論語』の表現では本ページの回、顔回（1月28日）の項など）、顔淵（1月13日の項など）と出てくる。

回とは孔子の弟子・顔淵《がんえん》のことです。顔回は門人一の秀才でしたが大変寡黙でした。孔子は他の場面では顔回のことを次のように評しています。「一膳の飯と一椀の汁しかない貧しい長屋暮らしに人は耐えられないものだが、顔回はそのような苦境の中でもさえも、相変わらず道を求めて学ぶことを楽しんでいる。なんと立派なことか。」と。この言葉から顔回の人物像がわかります。

孔子はたとえ一瞬でも愚か者と思ったことを恥ずかしいと感じると同時に弟子の成長が嬉しかったに違いありません。顔回の道を求める姿勢に大いに刺激を受けます。

1月6日

曽子《そうし》曰《い》わく、
吾《われ》日《ひ》に吾《わ》が身《み》を三省《さんせい》す。
人《ひと》の為《ため》に謀《はか》りて、忠《ちゅう》ならざるか。
朋友《ほうゆう》と交《まじ》わりて、信《しん》ならざるか。
習《なら》わざるを伝《つた》えしか。（学而篇《がくじへん》）

曽子が言った。
「私は日に何度も自分の行いを省みている。人の相談相手になって、真心を尽くさなかったのではないか。友だちに嘘を言ったりしなかっただろうか。自分がまだ十分に理解していないことを、人に伝えたり教えたりしていなかったか。」
※この章句が三省堂書店の店名の由来。

曽子は孔子より四十六歳も若く、孔子の教えを後世に伝えた優秀な弟子です。孔子の孫・子思は曽子の弟子でした。

自ら省みることは、儒家の中心をなす重要な教えです。まず内省することが大事です。人は失敗した時、思うようにならなかった時には、言い訳を考えたり、人のせいにしがちです。でもうまくいかなかった原因は何なのか、準備不足か、努力不足か、自分の言葉が足りなかったために人が動いてくれなかったのかもしれない、そんなふうに自分を振り返ることができれば、まわりの人との人間関係も変わるでしょう。謙虚さは結局、自分を豊かにしてくれます。

子《し》曰《のたま》わく、仁《じん》に里《を》るを美《び》と為《な》す。択《えら》びて仁《じん》に処《を》らずんば、焉《いづく》んぞ知《ち》なるを得《え》ん。（里仁篇）

先生がおっしゃった。
「仁を大事にするという生き方が美しいのだ。仁が大事だとわかっていながら、仁から離れてしまうのは、どうして立派な人だと言えるだろうか。」

どのような時にも仁から離れない生き方は美しいと言いました。どんなに優秀でも仁のない人になってはいけないのです。

この章句にはもう一つの解釈があります。仁者がいる場所は美しいという考え方です。里という字の意味が鮮明になります。

例えば地方長官になり赴任する弟子に「君たちの治める領地に仁者が増えれば、そこはよい土地になるだろう。」と伝えたかったのかもしれません。よき国造りには人材の育成が欠かせません。思い切った施策も、新しい組織造りも必要でしょう。でも肝心なのは「人こそすべて」ということです。皆が仁者を目指せたら素晴らしいことです。

1月8日

子《し》曰《のたま》わく、
政《まつりごと》を為《な》すに徳《とく》を以《も》ってすれば、
譬《たと》えば北辰《ほくしん》其《そ》の所《ところ》に居《い》て、
衆星《しゅうせい》之《これ》に共《むか》うが如《ごと》し。（為政篇）

先生がおっしゃった。
「君子と言われる仁徳の備わった者が政治を行えば、例えば北の空に強く輝き続ける北極星のまわりに多くの星が集まってくるように、その徳を慕って人々が集まってくる。理想の政治とはこういうものだ。」

孔子の目指す徳治政治を美しいたとえで表現しています。二千五百年前の夜空はどんなだったでしょう。弟子たちと一緒に満天の星を見上げることもあったでしょう。ひときわ美しく輝く北極星を指さし「君たちの目指す政治はあれだ。」と言ったかもしれません。まわりを取り囲む無数の輝く星々を、リーダーを慕って集まった人々に見立てています。

能力があり仁もあれば、人々は従ってくれる。そこに品格や威厳が加わると、人は敬愛の気持ちを持って動いてくれるというのが、孔子の考えです。よきリーダーには人を惹きつける魅力があるということです。

1月9日

子曰《しのたま》わく、道《みち》に志《こころざ》し、徳《とく》に拠《よ》り、仁《じん》に依《よ》り、芸《げい》に游《あそ》ぶ。（述而篇《じゅつじ》）

先生がおっしゃった。

「正しい道を身につけようと志を立てて努力し続けて、それによって得た徳という高い品性を拠り所とし、また仁という人間愛に寄り添って、その上で豊かな教養の世界を気ままに楽しむ。これがまさに君子の姿なのだ。」

志を持つことが何よりも大事です。高遠な志だけではなく、三年後、五年後の自分がなりたい姿を心の中で強く思うことも立派な志です。現状に満足せず、高みを目指すことです。

どんなに熱意を持って取り組んでいても、不安や迷いはあるものです。その時に支えになるのが徳です。諦めない、近道を往かない、正しい道を選択できる力です。そして思いやりや誠実さも大切です。自分さえよければという態度では、よき仲間との出会いもないでしょう。

最後に、孔子は心の余裕を加えました。私淑する人物、良書を持ちたいものです。

1月10日

子《し》曰《のたま》わく、君子《くんし》は言《ことば》に訥《とつ》にして、行《おこない》に敏《びん》ならんことを欲《ほっ》す（里仁篇）

先生がおっしゃった。
「君子は言葉がうまくなくても、行動は機敏でありたいと願うものだ。」

君子はリーダーと言われる立場の人物です。孔子の時代は政治家や官僚などを指していましたが、現代の私たちは地域や学校、企業など様々な人の集まり、組織の長と捉えることができます。理想の人物像です。

君子は必ずしも雄弁家とは限りません。自ら行いで示して、皆の心を動かす者もいれば、強い言葉で皆を率いる者もいます。この章句では、朴訥《ぼくとつ》でも速やかに正しい行いができることが大事だと言っています。

ぶれない態度、公平に人を観る、臨機応変に対応できる、そして私利私欲がない、このような姿に人々は共鳴し尊敬してくれるのです。たとえ朴訥でも実行力があれば信頼されるのです。

1月11日

子《し》曰《のたま》わく、唯《ただ》仁者《じんしゃ》のみ能《よ》く人《ひと》を好《よし》み、能《よ》く人《ひと》を悪《にく》む。（里仁篇）

先生がおっしゃった。
「ただ仁者だけが先入観なしに、正しく人を愛し、人を憎むことができる。」

人を憎んだり恨んだり、あるいは親しみや愛情を感じたりすることは、誰にでもあることです。でも人を判断する時には、少し冷静になり、自分の好みや先入観を持たないことが大事です。たとえば私心や損得関係があれば、公平に判断することができなくなります。初めから偏った見方になるからです。一方、仁者は善悪を見極めようとします。自分の感情を優先しません。

悪を憎んで人を憎まずという言葉があります。仁者はその感覚に近いと言えるでしょう。人に好感を持ったり、愛情を感じる時にも私心や下心がないのが仁者なのです。

1月12日

子曰《しのたま》わく、父母《ふぼ》在《いま》せば、遠《とお》く遊《あそ》ばず。遊《あそ》べば必《かなら》ず方《ほう》有《あ》り。（里仁篇）

先生がおっしゃった。
「親が健在のうちは、なるべく遠出を避けて、やむを得ず出かける時には必ず行先を伝え、心配させないようにするべきだ。」

子どもがいくつになっても心配するのが親心です。そのような親の気持ちを察することも親孝行と言えます。孔子の時代は国命を拝して他国に行く、学びを深めるための修行の旅で遠出することもあったでしょう。

いつの時代も親の気持ちは変わりません。愛情があるからこそ、注意をしたり、先々のことまでうるさく言いたくなるのです。行先を伝えることで親は安心します。心配してくれる人がいることは幸せなことです。注意してくれる人がいなかったら、きっと寂しく感じるでしょう。

1月13日

曽子《そうし》曰《い》わく、君子《くんし》は文《ぶん》を以《も》って友《とも》を会《かい》し、友《とも》を以《も》って仁《じん》を輔《たす》く。（顔淵篇《がんえんへん》）

曽子が言った。
「君子は詩書礼楽を学ぶために友人を集め、その友人のおかげで、仁を磨くことができるのだ。」

どのような友人とつき合うかによって、将来が変わってきます。遊興を好む仲間と過ごす時間は楽しかったとしても、結局はその場限りの空虚な時間です。

一方、意欲的で前向きな友人と過ごす時間は様々なものを育んでくれます。仲間と学ぶのは教科だけではなく、スポーツも芸術も同じです。教え合ったり、待ってあげたり、譲ってあげたり、議論したりします。自分の時間を友人のために使うことにもなります。そんな時こそあなたの人間力が大きく育まれているのです。人は人によって磨かれていくのです。

1月14日

樊遅《はんち》、仁《じん》を問《と》う。
子《し》曰《のたま》わく、
居《お》る処《ところ》恭《きょう》、事《こと》を執《と》りて敬《けい》、人《ひと》と与《あずか》りて
忠《ちゅう》なるは、夷狄《いてき》に之《ゆ》くと雖《いえど》も
棄《す》つるべからざるなり。（子路篇）

弟子の樊遅が「仁とはどういうことでしょう」とたずねた。
先生がおっしゃった。
「家で寛《くつろ》いでいる時にも、だらしなくしない。仕事をする時には慎重に行動し、人には誠実な態度で接する。これはどこに行っても、誰に対しても変えてはならない。たと未開の地に行ったとしてもだ。これこそが仁なのだ。」

何人もの弟子たちが孔子に「仁とは？」と質問しています。孔子の答えは質問する弟子によって異なります。樊遅という若い弟子への答えは具体的で、現代の私たちにもわかりやすい内容です。

孔子の答えは、日々のあるべき姿を語っています。たとえば休日だからと言ってだらしなく一日を過ごさないように。仕事をする時には緊張感を持って、いかなることにも臨機応変に対応できる心構えで。どんな相手であっても、誠実さを忘れずに。人として大事なことは、今も同じです。恭、敬、忠という三つの言葉で、孔子は見事に語りました。

子貢《しこう》問《と》いて曰《い》わく、一言《いちげん》にして以《も》って終身《しゅうしん》之《これ》を行《おこな》うべき者《もの》有《あ》りや。（衛霊公篇《えいれいこうへん》）

子貢が質問した。
「たった一言で、一生実行する価値のあるよい言葉はありますか」

弟子の子貢が鋭い質問をしました。「一生を通じて実行する価値のある、お守りになるような一言を教えて下さい」と。どのような気持ちで質問したのでしょう。絶対的な拠り所が欲しかったのでしょうか。若い弟子たちに聞かれて、言葉に窮したのでしょうか。

頭脳明晰で雄弁家の子貢ならではの質問です。言葉という形で確かな答えが欲しかったのかもしれません。

1月16日

子曰《しのたま》わく、其《そ》れ恕《じょ》か。己《おのれ》の欲《ほっ》せざる所《ところ》、人《ひと》に施《ほどこ》すこと勿《な》かれ。

（衛霊公篇）

先生がおっしゃった。
「それこそ恕だねぇ。自分が人からされたくないような、いやなことを、人に押しつけたりしないということだ。」

前ページの子貢の質問に、孔子の答えはとてもシンプルです。まさに一言、恕だ！　と言い切りました。志を持つ、人物から学ぶ、感性を磨くなどということではなく、恕なのです。恕は相手の気持ちを自分の気持ちと同じくらい大事に思うことです。究極の仁と言えます。

だからこそ、されたらいやなことはしてはいけないのだとつけ加えました。孔子の教えのすべてがこの一言にぎゅっと詰まっているのです。子貢はほしかった宝物を孔子からもらえたと、喜んだに違いありません。私たちにとっても、一生心に留めておきたい一言です。

1月17日

子曰《しのたま》わく、士《し》、道《みち》に志《こころざ》して、悪衣悪食《あくいあくしょく》を恥《は》づる者《もの》は、未《いま》だ与《とも》に議《はか》るに足《た》らざるなり。（里仁篇）

先生がおっしゃった。
「道を志す者で、衣服や食事の貧しさを恥じるようでは、未だ共に語るに及ばない。」

士とは志を持ち修養に励む人物で、リーダーと言われるような立場の人です。悪衣悪食を恥じるとは、自分の進むべき道に集中していないと、孔子は考えたのでしょう。

人はその立場に相応しい報酬を得、権力も得ることになります。立ち居振る舞いも伴わなければなりません。しかし自分への評価や見栄を張ることばかりを気にしていては本末転倒です。

事に臨む時には真剣に力を出し尽くすことが最優先です。人のため公のために何をすべきかを考えられる人でなければ、共に歩み、志を語れる仲間にはなれないのです。ひたすらな姿に人は心打たれるのです。

1月18日

子曰《しのたま》わく、父《ふ》母《ぼ》に事《つか》えては幾《き》諫《かん》す。志《こころざし》の従《したが》わざるを見《み》ては、又《また》敬《けい》して違《たが》わず、労《ろう》して怨《うら》まず。（里仁篇）

先生がおっしゃった。
「もしも父母に間違いがあった場合にも、心穏やかに角が立たないように諌める。たとえ聞き入れられなくても、それ以上は逆らわない。また父母が無理を言っても苦労させられても、決して恨んだりしてはいけない。」

親との距離は年齢と共に変わってくるように感じます。若い頃には親から注意されたり細かく指示されることがあり、煩わしいと感じた経験は、多かれ少なかれ誰にでもあると思います。そのような親の態度も、自分が大人になるにつれて理解できるようになります。

しかし親の心情を理解できたからと言って、素直になれるかというと、そうでもありません。やはり反発心はあるものです。そんな感情を少し抑えて穏やかに接することができれば、親子の摩擦も減るでしょう。父母に対する敬と恩の気持ちは忘れずにいたいものです。

1月19日

子《し》曰《のたま》わく、君子《くんし》は能《のう》無《な》きを病《うれ》う。人《ひと》の己《おのれ》を知《し》らざるを病《うれ》えず（衛霊公篇）

先生がおっしゃった。
「君子は自分の能力がないことを心配するが、人が自分の能力を理解してくれず、用いられないことは気にしない。」

自らを省みることが孔子の教えの根幹です。まず自分を知ることが大事です。自分には必要な能力はあるのか。もし足りていないとしたら、何が足りないのか、どうしたらそれを補えるのか。考えなければならないことがたくさんあります。自分の未熟さに気づくと、お手本になるような人物が目につくようになるでしょう。学ぶ意欲も湧いてくるでしょう。

一方、まわりからの評価ばかりを気にしていると、有能な人を妬《ねた》んだり、自分の未熟さに言い訳をするようになります。そのようなことに捉われていては、自分が成長するチャンスを逸してしまいます。残念なことです。

1月20日

子曰《しのたま》わく、巧言《こうげん》は徳《とく》を乱《みだ》る。小《しょう》、忍《しの》ばざれば、則《すなわ》ち大謀《たいぼう》を乱《みだ》る。（衛霊公篇）

先生がおっしゃった。
「口がうまいだけの者は徳を損なう。小さいことに捉われず我慢しないと、大きなことは成し遂げられない。」

『論語』には、巧言令色《れいしょく》という言葉もあります。お世辞を言って権力者に取り入る、人のご機嫌を取って、自分の思うようにまわりの人たちを動かす。口達者で処世術に長《た》けた人はいつの世にもいます。そのような人に影響されて、本来するべきこと、成し遂げたいことが滞ってしまっては、なんともったいないことでしょう。

他人の言葉に影響されることがあっても、つまらぬことに捉われず、多少の我慢も必要です。本当に目指している大事なことに力を注げることが素晴らしいのです。

1月21日

子《し》の慎《つつし》む所《ところ》、斉《さい》・戦《せん》・疾《しつ》。（述而篇）

先生が最も謹まれたことは、先祖を祭る際のものいみと、戦争と、病気であった。

ものいみとは重要な神事のために、一定の期間、食事や日常の言行を慎み、沐浴などをして身を清めることです。先祖にまつわる祭事を疎《おろそ》かにすることは、国が衰退することに繋がると孔子は考えていました。

戦いはないことが望ましいですが、国家間の争いだけではなく、国内での衝突や日常のいさかいも含めて厳しい場面に直面した時ほど対応は慎重にしなければなりません。リーダーの一言で状況が一変することもあります。

志や情熱があっても健康でなければ実現しません。親からもらった体を一生を通じて大事にすることも忘れてはいけません。斉、戦、疾。私たちも心がけたいです。

1月22日

子曰《しのたま》わく、道同《みちおな》じからざれば、相為《あいため》に謀《はか》らず。（衛霊公篇）

先生がおっしゃった。
「志す道が同じでなければ、お互いに相談しても解決しない。」

時間を忘れて語り合える仲間とはどんな人物でしょう。志があり、目指すものが明確な人、努力を惜しまない人、様々な人物像が挙げられますが、心が通じて、お互いに直言できる間柄であること、そして尊敬の気持ちも抱けるような人物であることは間違いがありません。

求めるものはそれぞれであっても、それが共に人としてあるべき道に乗っているからこそ、議論しても実りがあり、心地いいのです。よき仲間との時間を大切にしたいものです。

閔子《びんし》、側《かたわら》に侍《じ》す。誾誾如《ぎんぎんじょ》たり。子路《しろ》行行如《こうこうじょ》たり。冉有《ぜんゆう》・子貢侃侃如《しこうかんかんじょ》たり。子楽《したの》しむ。由《いう》のごときは其《そ》の死《し》を得《え》ざるがごとく然《しか》りなり。（先進篇《せんしんへん》）

閔子騫《けん》は和やかに行儀よく、子路は武人らしく強そうに、冉有と子貢はにこやかに、それぞれが先生の傍に侍っていた。一言、先生がもらされた、「子路は畳の上では死ねそうもないなぁ。」

※閔子
　閔子騫ともいう。『論語』の表現では、本ページと次ページのように両方出てくる。

孔子を囲むように弟子たちが集まり、談笑している和やかな雰囲気が伝わってくるようです。閔子騫は親孝行者で知られていて、いかにもまじめな感じがします。子路は最年長の弟子で武勇の人です。いかつい感じが伝わってきます。冉有と子貢も楽しそうです。「子楽しむ」という一文が全てを表しています。

このような師弟関係を羨《うらや》ましく思います。日本でも江戸時代の藩校ではこのような場面があったのでしょう。まさに人物から学べる空間です。子路は孔子の言葉通り、戦場で命を落としています。孔子の予言のような一言には切なさが感じられます。

1月24日

子曰《しのたま》わく、孝《こう》なるかな閔子騫《びんしけん》、人《ひと》其《そ》の父母昆弟《ふぼこんてい》の言《げん》を間《かん》せず。（先進篇）

先生がおっしゃった。
「親孝行だなぁ、閔子騫は。父母兄弟がかれは孝行者だと言っても、誰もそれを否定しなかった。」

「孝なるかな閔子騫」。この一言で孔子の強い気持ちが伝わります。弟子である閔子騫に尊敬の念さえ持っています。

閔子騫の母親が亡くなり、継母がやってきます。冬のある日、父親は閔子騫が薄着で寒さに耐えていることに気づきます。しかし継母の子たちは温かい服装をしていることに激怒して、継母を追い出そうとします。すると「弟たちも自分と同じように母のない子になってしまうので、許してあげてほしい」と父親に懇願し、継母も改心したというエピソードがあります。

孔子が親孝行に言及するのは、親子関係が人間関係の大本だと考えているからでしょう。そこを大事にできる人が社会でもよい人間関係を築けるのです。

1月25日

子游《しゆう》、孝《こう》を問《と》う。
子曰《しのたま》わく、
今《いま》の孝《こう》は是《こ》れ能《よ》く養《やしな》うを謂《い》う。
犬馬《けんば》に至《いた》るまで皆《みな》能《よ》く養《やしな》うあり。
敬《けい》せずんば何《なに》を以《も》って別《わか》たんや。（為政篇）

弟子の子游が「親孝行とはどういうことでしょう」と質問した。
先生がおっしゃった。
「この頃は親をよく養うことが親孝行と思われているようだが、しかしそれだけでは犬や馬をよく世話をして養っているのと同じではないか。親を尊敬する気持ちがなかったら、犬や馬と区別できないではないか。」

親孝行というと、日々に不自由がないようにすることが一番のように思いがちです。そのために衣食住を整えることをします。あるいは希望を聴いて、それを叶えようとします。それも確かに悪いことではありませんが、親の本当の願いは、きっと子どもの幸せでしょう。親の気持ちに寄り添い、一緒に和やかに過ごせる時間を作ることも親孝行です。

自分たちに愛情を注いでくれる、最も身近な人生の先輩に敬愛の気持ちを持てることが大切です。

1月26日

子曰《しのたま》わく、十室《じっしつ》の邑《いう》、必《かなら》ず忠信《ちゅうしん》丘《きゅう》が如《ごと》き者《もの》有《あ》らん。丘《きゅう》の学《がく》を好《この》むには如《し》かざるなり。（公冶長《こうやちょう》篇）

先生がおっしゃった。
「十軒ほどの小さな村にも、私くらい誠実で真心のある者はいるだろう。だがその上さらに学問を好む者はいないだろう。」

学問好きを自負している孔子らしい言葉です。どんなに小さい村でも、どこに行ってもまじめで正直な人はいます。丁寧に自分の仕事に取り組む人もいるでしょう。でも孔子は誠実さの上に学ぶ気持ちがあってはじめて、理想の人物に近づけると考えました。

学ぶことは、知りたいという気持ちから始まります。わからないことがわかった時には嬉しいものです。孔子は学ぶ喜びを存分に感じ、誰にも負けない学問好きになれたのです。誠実さというよき資質も学ぶことで一層の高みを目指せるのです。

1月27日

子《し》、匡《きょう》に畏《い》す。曰《のたま》わく、文王《ぶんおう》既《すで》に没《ぼっ》し、文《ぶん》茲《ここ》に在《あ》らざらんや。天《てん》の将《まさ》に斯《こ》の文《ぶん》を喪《ほろぼ》さんとするや、後死《こうし》の者《もの》斯《こ》の文《ぶん》に与《あずか》るを得《え》ざるなり。天《てん》の未《いま》だ斯《こ》の文《ぶん》を喪《ほろぼ》さざるや、匡人《きょうひと》其《そ》れ予《われ》を如何《いか》にせん。（子罕《しかん》篇）

先生が匡という町で、命の危険にさらされることがあった。その時、先生は毅然としておっしゃった。
「聖人と仰がれた文王は既にこの世にはいないが、文王の築いた素晴らしい文化という道はこの私に伝わっているではないか。天がもし文王の築いた道を亡ぼしていたら、後に生まれた私はこの道を得ることはできなかった。もし天がこの道をまだ亡ぼすつもりがないなら、匡でどのようなことが起こっても、ご加護があるだろう。決して私は死んだりしない。」

匡でかつて乱暴を働いた陽虎《ようこ》は孔子に風貌《ふうぼう》が似ていたらしく、その陽虎に間違われた孔子が兵に囲まれて危機的状況になった時の言葉です。周の文王は徳治政治を行っていた王で、孔子が最も尊敬していた人物です。

自分は文王が築いた徳に根差した輝かしい文化の継承者であるという自信に満ちています。そしてそんな自分を天はけっして見放さないと言い切りました。孔子の言葉は熱を帯びています。一生をかけて、よき国造りのために尽力してきた思いの丈は、確実に弟子たちに伝わったことでしょう。

熱情は人の心に響き、人を動かします。

1月28日

哀公《あいこう》問《と》う、弟子《ていし》孰《たれ》か学《がく》を好《この》むと為《な》す。
孔子《こうし》対《こた》えて曰《のたま》わく、
顔回《がんかい》なる者《もの》有《あ》り。学《がく》を好《この》む。
怒《いかり》を遷《うつ》さず。過《あやま》ちを弐《ふたたび》せず。
不幸短命《ふこうたんめい》にして死《し》せり。今《いま》や則《すなわ》ち亡《ほろぼ》し。
未《いま》だ学《がく》を好《この》む者《もの》を聞《き》かざるなり。（雍也篇《ようや》）

魯《ろ》の国王・哀公が孔子にたずねた。
「弟子の中で最も学問を好む者は誰だ。」
先生がおっしゃった。
「顔回と申す者がおりまして、大変な学問好きでした。腹が立つようなことがあっても八つ当たりすることもなく、同じ過ちを繰り返すこともありませんでした。不幸なことに若くして亡くなりました。もうこの世にはおりません。顔回以上に学問を好む者を聞いたことがございません。」

顔回の優秀さは弟子の中でも別格で、貧しい中でひたすらに学問に打ち込む姿を孔子は絶賛しています。若い頃の自分の姿と重なったのかもしれません。それだけに顔回を失った時の悲しみは大きく深いものでした。

学問好きに加えて、孔子は大の人間好きでもあったことが感じられます。弟子たちを抱えながらの公務と学問探求には、並外れたエネルギーが必要です。人物を視る目も確かです。弟子たちの性格を実によく把握しています。そんなところも孔子の魅力です。

顔回をはじめとする弟子たちとの間には、温かくて深い師弟愛が感じられます。

1月29日

樊遅《はんち》知《ち》を問《と》う。子《し》曰《のたま》わく、民《たみ》の義《ぎ》を務《つと》め、鬼神《きしん》を敬《けい》して之《これ》を遠《とお》ざく。知《ち》と謂《い》うべし。（雍也篇）

弟子の樊遅が「知とはどういうことですか」と質問した。
先生はおっしゃった。
「人としてするべきことをきちんと行い、神仏は崇敬するが、遠ざけて頼らない。
これが知というものだ。」

樊遅は若い弟子で学問もまだ道半ばですが、素直な性格です。孔子も樊遅の質問には丁寧に答えています。

知は知ることです。ここでは人の道を理解し実践することを言っています。人が踏むべき正しい道と言えます。簡単に修めることはできません。一生をかけて追求するものです。

もうひとつは神様や先祖を大事にすることを知と言いました。敬うけれどもなれなれしくしてはいけないと言いますが難しいです。頼りにするばかりではいけない、捉われすぎるのもよくないということでしょうか。

「敬遠」はこの章句が語源です。

仁《じん》を問《と》う。
曰《のたま》わく、
仁者《じんしゃ》は難《かた》きを先《さき》にして
獲《う》ることを後《あと》にす。
仁《じん》と謂《い》うべし。（雍也篇）

続けて樊遅が「仁とはどのようなことですか。」と質問した。
先生がおっしゃった。
「苦労を伴うことを自ら進んで行い、報酬や利益のことは後回しにする。それが仁だ。」

前ページの章句の続きです。仁についても孔子の答えは実にシンプルです。自分の働きの結果、どのような利益があるのか。報酬を得るためには、どうしたらいいのか。なるべく大きな成果が欲しい。ついついこのように考えてしまうこともあります。

努力に対する対価はあって当然ですが、順番を間違えてはいけないです。自分の能力を出し惜しみせず、誠意を持って行うことが最優先です。濁りのない気持ちが濁りのない結果を生みます。

仁者は突発的な出来事や、危機的状況になった時に真価発揮です。日頃の価値観がその人を作っていきます。

1月31日

子曰《しのたま》わく、二三子《にさんし》、我《われ》を以《も》って隠《かく》すと為《な》すか。吾《われ》隠《かく》すこと無《な》きのみ。吾《われ》行《おこな》うとして二三子《にさんし》と与《とも》にせざる者《もの》無《な》し。是《こ》れ丘《きゅう》なり。（述而篇）

先生がおっしゃった。
「君たちは私が何か隠しごとをしていると思うのか。そんなことは全くない。私は君たちと共にしないことはない。それが私のすべてだ。」

※丘は孔子の名。

若い弟子たちは、まだ僕たちの知らないことがあるらしい、先生は出し惜しみしているのではないか、兄弟子たちだけ別のカリキュラムかも、そんな話をしていたのかもしれません。孔子のがっかりした気持ちが伝わってきます。あるいは憤慨したのかもしれません。こんな会話からも孔子の人間味が感じられます。

孔子の教育者としての姿勢は、相手が誰であっても、学問の習熟度にかかわらず、全力で向き合っています。「是れ丘なり」の一言に、孔子の毅然《きぜん》とした心構えが感じられます。お手本としたい態度です。

二月

2月1日

子曰《しのたま》わく、之《これ》を知《し》る者《もの》は、之《これ》を好《この》む者《もの》に如《し》かず。之《これ》を好《この》む者《もの》は、之《これ》を楽《たの》しむ者《もの》に如《し》かず。（雍也《ようや》篇）

先生がおっしゃった。
「知っているだけの人よりも、好きになった人には及ばない。好きになった人も楽しんでいる人には及ばない。」

知って、好きになって、楽しむ。ものごとを究めていく時の三段階と言えます。ただ知っただけでは表面的な能力の向上しかありませんが、好きになったら、興味や意欲が湧いてきます。明らかに心に変化が起こります。

好きになるとは夢中になることです。充実感や上達を実感できるようになりますが、その反面、先に進むことの困難さに直面することになります。いくつかの壁を乗り越えながら、ひたすらに努力を重ねていくうちに、いつしか楽しむ境地になっていたら最高です。孔子の求める楽しみは深くて豊かな世界です。楽しむ境地までは長い道のりですが、何かひとつでも到達できたら素晴らしいです。

2月2日

子曰《しのたま》わく、我《われ》は生《う》まれながらにして之《これ》を知《し》る者《もの》に非《あら》ず。古《いにしえ》を好《この》み、敏《びん》にして之《これ》を求《もと》めたる者《もの》なり。（述而《じゅつじ》篇）

先生がおっしゃった。
「私は生まれながらに道理を知っていたわけではない。先人の教えを好み、それを速やかに求めたに過ぎない。」

孔子の言行に触れると、生まれながらに特別な才能があったに違いないと思ってしまう人が多かったのでしょうか。人々のそんな気持ちに答えるような言葉です。

誰もが学ぶことによって、その人に相応しい道を求めることができるのです。よき将来を得られるのです。大事なことは先哲の学問に触れることです。「古典には人生万象の悩みの答えがある。」祖父・安岡正篤《まさひろ》の口癖です。

先人の遺してくれたものを活かさないのはもったいないです。後回しにせず、速やかに学ぶ姿勢を心がけたいですね。

2月3日

子曰《しのたま》わく、君子《くんし》は徳《とく》を懐《おも》い、小人《しょうじん》は土《ど》を懐《おも》う。君子《くんし》は刑《けい》を懐《おも》い、小人《しょうじん》は恵《けい》を懐《おも》う。（里仁《りじん》篇）

先生がおっしゃった。

「君子は徳ある行いができることを思うが、小人は安住の地で暮らすことを考える。君子は法に適った政治を心がけるが、小人は恩恵を受けることだけを思う。」


人の上に立つ立場の者と、そうでない者には考え方や心構えに差があります。孔子は君子と小人を対比して表しました。自分の行いが人の道に則っているか、君子は常に自分の行いを振り返ります。小人は生活の安定を願い、どんな恩恵を受けられるかが気になります。

自分の立場が徐々に上がるにつれて、意識も変わっていくのが理想です。高いところから広い範囲を見渡すのがリーダーです。自分の欲求を満たすためではなく、公のために、人のために力を尽くせるのがリーダーです。

子曰《しのたま》わく、三年《さんねん》父《ちち》の道《みち》を改《あらた》むること無《な》きは、孝《こう》と謂《い》うべし。（里仁篇）

先生がおっしゃった。
「父親のやってきたことは、亡くなってから三年間は、そのまま踏襲するのがよい。
それが親孝行というものだ。」

当時は服喪《ふくも》期間は三年とされていました。これは大事な慣習のひとつで、長い年月、守られてきました。それによって国の秩序が保たれてきました。しかし徐々に戦乱の世になりつつあり、三年の喪は長すぎると言う人が出始めます。

文化・伝統が廃れると国が危うくなるというのが孔子の考えです。親が亡くなった時くらいは三年の喪に服し、親が守ってきた家の伝統や生き方をじっくりと考え、それを踏襲することこそが親孝行だと説いています。自分の代になり、早速自分のやり方に変えたいと思っても、はやる気持ちを抑えて親と過ごした時間に想いを寄せる心の余裕は持ちたいものです。

2月5日

子曰《しのたま》わく、過《あやま》ちて改《あらた》めざる。是《こ》れを過《あやま》ちと謂《い》う。

（衛霊公篇《えいれいこうへん》）

先生がおっしゃった。
「過ちに気づいていながら、それを改めないのが本当の過ちだ。」

孔子は君子でも過ちを犯すと言っています。過ちを犯さない人などいないのです。過ちを犯したり、失敗した後の態度が大事だということです。

君子は過ちを犯したら、速やかに認めてやり直す。窮したり動転しない。こうありたいと思いながらも実際にはなかなかできません。言い訳を考えたり、人のせいにしたりしてしまいがちです。あるいは間違いに気づかれないように、物事を修正しながら進めて、帳尻を合わせようとします。これではよい結果が得られるはずがありません。

正直であることが全ての原点のように思います。

2月6日

子曰《しのたま》わく、人《ひと》の生《い》くるや直《なお》し。之《これ》罔《な》くして生《い》けるは、幸《さいわい》にして免《まぬか》るるなり。（雍也篇）

先生がおっしゃった。
「人が生きていけるのは、まっすぐな正しい道を歩いているからである。その正しい道を失いながら生きているとしたら、その人はまれに見る幸運に恵まれただけのことである。」

直とは人が持っているよい資質のひとつです。まっすぐという意味です。素直、率直、正直などの言葉に通じます。

人が道を踏み外さずに歩いていけるのは、この直のおかげです。でも明らかに直ではない生き方をしているにもかかわらず、いい思いをしたり、高い評価を得ている人がいます。孔子の時代にもそのような生き方をしている人がいたのでしょう。このような理不尽さに納得のできない弟子がいたかもしれません。そんな不満に孔子は見事に答えています。直なくして有頂天になっている者は、単なる偶然のラッキーに過ぎず長続きしないのだと。

2月7日

子《し》曰《のたま》わく、朝《あした》に道《みち》を聞《き》かば、夕《ゆう》べに死《し》すとも可《か》なり。（里仁篇）

先生がおっしゃった。
「もしもある朝、人の道を聞くことができたら、その晩に死んでも構わない。」

孔子の言葉の中では、かなり強くて厳しい表現です。道とは人が踏むべき道、人としてあるべき生き方、人生、様々な表し方がありますが、全ては仁に則った道です。どのように生きるべきか。どのように生きたいか。これは孔子にとっても私たちにとっても、永遠のテーマです。

真理は得たいけれど簡単には得られない。得られなくても自分で考え、求め続けることが、実は人生そのものなのでしょう。生きるとは素晴らしいことです。人任せにしてはもったいないです。誰もが唯一無二の自分らしい道を歩むことができるのです。

2月8日

子曰《しのたま》わく、人《ひと》能《よ》く道《みち》を弘《ひろ》む。道《みち》人《ひと》を弘《ひろ》むるに非《あら》ず。（衛霊公篇）

先生がおっしゃった。
「人こそが理想の道を広めることができるのだ。道が人を広めるわけではない。」

振り返った時に、そこには自分の歩いてきた道が必ずあります。十歳の人には十年分の道が、二十歳、三十歳、それぞれの年齢の分だけ道はできています。自分がどのように生きてきたのか、何を目指してきたのか。今までの行いや思考、感情などすべてが相まって、今に続く道ができてきたのです。それぞれの人が自分で拓いてきた道です。

これから先の道も同じように自分で切り開くしかありません。もしも用意されている道があったとしたらどうでしょう。安心かもしれませんが、感動や成長、変化はないでしょう。

自分が主体となるからこそ、自分らしい道ができるのです。

※この章句が水戸藩、佐賀藩、出石藩の藩校・弘道館の校名の由来。

子曰《しのたま》わく、古《いにしえ》の学《まな》ぶ者《もの》は己《おのれ》の為《ため》にし、今《いま》の学《まな》ぶ者《もの》は人《ひと》の為《ため》にす。（憲問《けんもん》篇）

先生がおっしゃった。
「昔の人は自分の修養のために学んだが、今の人は他人に知られたいために学んでいる。」

人は何のために学ぶのでしょう。知識や技術を得るためでもありますが、同時に人としてどうあるべきかを追求することも学びです。身につけた知識はそのままでは役に立ちません。バラバラにある知識をつなげるものが必要です。それは志やよい仲間、情緒や感動する心によって結ばれていきます。そうして実践した時に君子の学問になります。

知識だけが先行すると、一見優秀そうに見えるかもしれませんが、それだけでは活学になりません。人からの評価や評判を気にしているようでは、まだ本物の学びとは言えません。身につけたものは、人のため、社会のために活かしてこそ、本当の学ぶ意義があるのです。

子曰《しのたま》わく、君子《くんし》は泰《ゆた》かにして驕《おご》らず。小人《しょうじん》は驕《おご》りて泰《ゆた》かならず。（子路《しろ》篇）

先生がおっしゃった。
「君子はゆったりと落ち着いていて、驕り高ぶらない。反対に小人は驕り高ぶって落ち着きがない。」

驕るとはどんな時でしょう。本来の能力よりも自分を強く見せたい、自分に非があることを隠したい、相手を見下す。いろいろな場面が想像できます。権力や地位を得て思いあがった態度をとる人が、孔子のまわりに多かったのでしょうか。

自分に自信がなく、心にやましいところがあると、悠然と構えていることはできません。一方、仁や徳を備え、道義を弁《わきま》えている人は、おおらかな気持ちでいられます。そしてそれが行動にも表れます。自分を必要以上に強く見せたり、見栄を張る必要がありません。

君子のようになれなくても、気持ちが安定していて、言動も穏やかでありたいものです。

2月11日

定公《ていこう》問《と》う、
君《きみ》、臣《しん》を使《つか》い、臣《しん》、君《きみ》に事《つか》うるには、
之《これ》を如何《いかん》せん。
子《し》曰《のたま》わく、
君《きみ》は臣《しん》を使《つか》うに礼《れい》を以《も》ってし、
臣《しん》は君《きみ》に事《つか》うるに忠《ちゅう》を以《も》ってす。（八佾《はちいつ》篇）

魯《ろ》の君主・定公が孔子にたずねた。

「君が臣下を使い、臣下が君に仕えるには、どのようにあるべきか。」

先生がおっしゃった。

「君は臣下に礼を以ってし、臣下は真心で仕えるということです。」


魯の国の定公がこのような質問をしたということは、既によく治まっていないことが窺えます。孔子の考えは明快です。それぞれが自分の本分を弁えて、その職務に徹するということです。

上の者は横柄な態度をとりがちです。臣下は命令通りに動いてさえいればいいと思いがちです。どちらにも誠実さがなく、相手の気持ちを察することもしていません。信頼関係がなければ、意欲も一体感も生まれません。

組織の中には上下関係がありますが、それは人間の優劣ではなく立場の上下です。上の者は丁寧に、下の者は誠意を持って、分を果たすことが大事です。

2月12日

子曰《しのたま》わく、回《かい》や、其《そ》の心三月仁《こころさんげつじん》に違《たが》わず。其《そ》の余《よ》は則《すなわ》ち日月《じつげつ》に至《いた》るのみ。（雍也篇）

先生がおっしゃった。
「顔回は何か月にもわたって、仁から離れることがないが、他の者は日に一度か月に一度、たまたま仁を行えるだけである。」

孔子は、顔回が常に仁を拠り所にした行いができていることを、心底嬉しく思ったのでしょう。他の者と比べているところに、孔子が心底感服している様子が窺えます。

仁は誰もが持っている誠実さや思いやりの心ですが、どんな時にも仁を発揮できるかというと、それは難しいですね。

深い哀しみの中にある時、大きな困難にぶつかった時、何かに熱中して取り組んでいる時、こんな時には他人に気遣いできません。でも顔回は自分がどのような状況でも仁から離れないのです。本物の仁者なのです。顔回ほどでなくても、せめて月に一日、日に一回でも仁を意識できれば、世の中は良くなるはずです。

2月13日

子曰《しのたま》わく、約《やく》を以《も》って之《これ》を失《うしな》う者《もの》は鮮《すくな》し。（里仁篇）

先生がおっしゃった。
「つつましやかに行き過ぎのないようにして、失敗する者はいない。」

約には、つつましやかという意味があります。控えめにすることです。消極的というわけではなく、慎重に冷静になることです。物質的には華美にならず、倹約することを表しています。

孔子は物心両面で慎しむことを求めています。人は余裕ができると慢心しがちです。態度にも言葉にも傲慢《ごうまん》さが感じられると、人間関係もうまくいかなくなります。

慎重で丁寧な態度を心がけていれば、そんなに深刻なことにはならないはずです。

2月14日

子曰《しのたま》わく、訟《うったえ》を聴《き》くは、吾猶人《われなおひと》のごとし。必《かなら》ずや訟《うったえ》無《な》からしめんか。（顔淵《がんえん》篇）

先生がおっしゃった。
「訴訟ごとを聴いて、正しい判断を下すことは、私も人並みにできるだろうと思うが、私が願うのは世の中から訴訟をなくしたいということなのだ。」

争いごとの決着をつけること、裁判で正しい判断を下すことは、秩序ある社会の根幹です。孔子はそれは人並みにできると言いました。自信家のように感じますが、そうではありません。裁判官としての教養や矜持《きょうじ》のある人は、孔子以外にも存在していて、もしかしたら名裁判官と言われる人もいたでしょう。

裁判官の能力を言うのではなく、さらに広い視野に立って、争いごとのない世の中を願っているのです。法治国家の成立だけでは満足せず徳治政治を理想としたところに孔子の大きさを感じます。

2月15日

子夏《しか》、父《ちち》の宰《さい》と為《な》り、政《まつりごと》を問《と》う。
子曰《しのたま》わく、
速《すみ》やかならんことを欲《ほっ》すること無《な》く、
小利《しょうり》を見《み》ること無《な》かれ。
速《すみ》やかならんことを欲《ほっ》すれば、
則《すなわ》ち達《たっ》せず。
小利《しょうり》を見《み》れば、則《すなわ》ち大事《だいじ》成《な》らず。(子路篇)

子夏が莒父の代官になるにあたって、政治の心構えを質問した。
先生はおっしゃった。
「急いで成果を出そうと思うな。目の前の小さな利益に目を奪われてもいけない。慌てて成果を出そうとすれば、思わぬ失敗をして却《かえ》って成し遂げられなくなるものだ。小さな利益ばかり見ていると、大事業は成し遂げられないぞ。」

子夏は孔子よりも四十四歳も若い弟子です。孔子のアドバイスは実に具体的で、子どもに言い聞かせるような丁寧さが感じられます。二人の年の差を考えると、孔子の晩年の会話でしょう。まだ二十代の若者を相手に現場での心得を話しています。

子夏はまじめな学究肌の弟子で、引っ込み思案なところがあったようです。目の前のことをコツコツと努力することは得意でも、大局を視ることが苦手では、代官は務まりません。たとえ小さな領地の地方長官であっても政治の原理・原則は同じです。相手に応じて的確なアドバイスのできる柔軟さが、孔子の魅力でもあります。

子曰《しのたま》わく、疏食《そし》を飯《くら》い、水《みず》を飲《の》み、肱《ひじ》を曲《ま》げて之《これ》を枕《まくら》とす。楽《たの》しみも其《そ》の中《なか》にあり。不義《ふぎ》にして富《とみ》且《か》つ貴《たっと》きは、我《われ》に於《おい》て浮雲《うきぐも》の如《ごと》し。

（述而篇）

先生がおっしゃった。

「粗末な食事をし、水を飲み、腕を曲げて枕代わりとするような貧しい生活の中にあっても、志を忘れずにいれば楽しみさえ感じられるものだ。不義を行って得た地位や財産は、私にとっては浮雲のようにはかないものだ。」

これほどまでの貧しい環境にあっても道を求める楽しさを感じられることに感服します。人は貧しさから抜け出したい、富を築きたいと思えば、卑怯《ひきょう》な手段を使うかもしれません。高い地位を得たいと思えば、人を貶《おとし》めるかもしれません。それが人間の欲というものです。

人の道を外れて得た富貴はなんと空しいことか。孔子の嘆きが聞こえてきそうです。富を得ることも地位を得ることも全く否定していません。得るための手段が問題なのです。常に原理・原則を説く孔子の言葉には厳しさがあります。その厳しさが、私たちの人生の指針となります。

子《し》曰《のたま》わく、
位《くらい》無《な》きことを患《うれ》えずして、
立《た》つ所以《ゆえん》を患《うれ》えよ。
己《おのれ》を知《し》る莫《な》きを患《うれ》えずして、
知《し》らるべきを為《な》さんことを求《もと》めよ。

（里仁篇）

先生がおっしゃった。
「地位のないことを心配するよりも、自分に実力がないことを悩め。人が自分を評価してくれないことを嘆くのではなく、評価されるだけのことをしようと努力することだ。」

現代でも通用するアドバイスです。地位を得ること、高い評価を得ることを孔子は否定していません。それらを得るに相応しい人物になることを求めています。自ら省みるという考え方がここでもはっきりと見られます。

周りの人が次々に仕官していく、評判を上げている、でも自分にはチャンスがやってこない。こんな悩みを訴えた弟子がいたのでしょう。人と比べたり、自分がどのように評価されているのかを気にしているうちはまだまだ、ということです。自分には何が足りないのか。もし求める地位に就けたら、その地位に相応しい能力を発揮できるのか。心配するのは自分の実力です。

子曰《しのたま》わく、奢《おご》れば則《すなわ》ち不孫《ふそん》なり。倹《けん》なれば則《すなわ》ち固《こ》なり。其《そ》の不孫《ふそん》ならんよりは、むしろ固《こ》なり。（述而篇）

先生がおっしゃった。
「贅沢をしていると不遜《ふそん》な態度になりがちで、倹約が行き過ぎると、頑なになる。どちらもよくないが、不遜になるよりは頑固な方がましだろう。」

贅沢《ぜいたく》と倹約を比較しています。どちらも極端で、孔子の求める中庸からは離れています。人の言動には、その人の心のありようがそのまま出ます。贅沢を好み、それを実現すれば、いつの間にか態度も大きくなり、傲慢《ごうまん》（不遜）になります。反対に倹約を好み、それを追求すれば、必要か不要かだけで判断をしたり、人に不義理したりします。どんどん頑《かたく》なになります。

どちらも避けたいことではありますが、どちらかと言えば、頑固な方がましだということです。バランス感覚は大事です。どんなことでも、どんな状況でも中庸を心がけたいです。

2月19日

子《のたま》、子賤《しせん》を謂《い》う、君子《くんし》なるかな、若《かくのごと》き人《ひと》。魯《ろ》に君子者《くんししゃ》無《な》くんば、斯《こ》れ、焉《いずく》んぞ斯《これ》を取《と》らん。（公冶長《こうやちょう》篇）

先生が子賤のことをおっしゃった。
「君子であるなぁ、この人は。魯に君子と言われる人がいなかったなら、たとえ子賤と雖《いえど》も、あれほど立派な人物にはなれなかっただろう。」

子賤は孔子の晩年の弟子で、四十九歳の年の差があります。これほどの人物も切磋琢磨《せっさたくま》する人々がいたからこそ磨かれて君子になれたたと、孔子は言葉を続けました。

子賤は「私には父として仕える者三人、兄として仕える者五人、友として交わる者十二人、師事する者が一人ある」と言いました。「父とする者からは孝を、兄とする者からは悌《てい》を、友とする者からは自分の偏見を正し、師からは失策を防いでもらう。このようであれば、堯《ぎょう》や舜《しゅん》と斉《ひと》しい君子と言える。」と孔子は称賛しています。人はよき人物によって磨かれることは間違いがありません。自分もまた人によき影響を与えられる人にいつかなりたいと思います。

※堯舜……古代中国の伝説上の天子。徳を以って治める。後世、理想の王として模範とされた。

2月20日

子曰《しのたま》わく、束脩《そくしゅう》を行《おこな》うより以上《いじょう》は、吾未《われいま》だ嘗《かつ》て誨《おし》うること無《な》くんばあらず。（述而篇）

先生がおっしゃった。

「束脩をおさめて入門したからには、私は心をこめて教えないことはない。」

束脩とは入門する時に弟子から先生に贈る品物で、干した肉を十本束ねたものです。これを受け取ったからには、責任を持って教えます、という入門時のやりとりです。

実際に孔子は道半ばで諦めそうになった弟子を励ましています。一旦入門を許した弟子のことは簡単に見放したりしません。当時の弟子たちは、自ら学びたいという強い意志を持って先生に入門を願い出ます。学校がなかった時代には、学ぶ場、先生を得ることが至難の業《わざ》だったと思います。そのような若者の熱量を受け止めて、育てていく孔子の想いも並大抵ではなかったでしょう。情熱が行き来する、羨ましい師弟関係です。

子夏《しか》曰《い》わく、賢《けん》を賢《けん》として色《いろ》に易《か》え、父母《ふぼ》に事《つか》えて能《よ》く其《そ》の力《ちから》を竭《つく》し、君《きみ》に事《つか》えて能《よ》く其《そ》の身《み》を致《いた》し、朋友《ほうゆう》と交《まじ》わるに言《い》いて信《しん》あらば、未《いま》だ学《まな》ばずと雖《いえど》も、吾《われ》は必《かなら》ず之《これ》を学《まな》びたりと謂《い》わん。（学而篇《がくじ》）

子夏が言った。

「善を善とし、賢を尊び、情欲から遠ざかる。父母に仕えるには孝を尽くし、主人に仕えるには自分の身をささげて全力で勤める、友人とは誠意を尽くしてつき合えるような人物であれば、世間からまだ学問が深まっていない人だと言われても、私は既に学んだ人物だと評価する。」

実践を重んじる孔子の教えが、弟子の子夏を通して次の世代に伝わっていることが感じられます。

「賢を賢として色に易え」は「恋人を想うより以上に賢人を好む」という解釈のものもあります。いずれも人が本能的に持っている情欲が悪いのではなく、それに陥ることを避けるように言っています。

両親、上司、友人に対して、賢人としての接し方ができれば、「まだあの人は学んでいない」と人が言ったとしても、私はその人はもう学んでいると思う。子夏の明解な言葉です。

実践することが学ぶことにつながるのです。

子《し》、衛《えい》の公子荊《こうしけい》を謂《い》う。善《よ》く室《しつ》に居《い》る、始《はじ》め有《あ》るに、曰《い》わく、苟《いささ》か合《あ》えり。少《すこ》しく有《あ》るに、曰《い》わく、苟《いささ》か完《まった》し。富《と》みて有《あ》るに、曰《い》わく、苟《いさ》か美《び》なり。（子路篇）

先生が衛の国の公子荊についておっしゃった。
「彼はよく家を治めた人物だ。初めわずかな家財道具が揃った時には、まぁこれで十分だと満足し、しばらくしてもう少し整った時にも、これで十分だと満足した。そしていよいよ整った時には、なんと立派になったものだなぁと満足した。自分の境遇以上に求めない人物といえる。」

孔子は公子荊の謙虚さを称えています。例えば仕事の現場で、新人、中堅、管理職というように、経験を重ね実力がついて立場が上がると、それに伴って家の設えや持ち物にも気を配る余裕ができるでしょう。その立場に相応しい変化は、自分の喜びや次への意欲に繋がります。決して悪いことではありません。

しかし不相応な欲求を抱き、それを求めることに熱中するようになっては、本末転倒です。豪華な調度品や華美な服飾品によって自分の地位を誇示する人がいる中で、公子荊の謙虚さが光っていたのでしょう。私たちも見習いたいものです。

子曰《しのたま》わく君子《くんし》は世《よ》を没《ぼっ》するまで、名《な》の称《しょう》せられざるを疾《にく》む。（衛霊公篇）

先生がおっしゃった。
「君子は自分の一生が終わるまでに、自分の名が世に知られないことを心配するものだ。」

世の中に自分の名を遺すとはどういうことでしょう。孔子が言う名を遺すという意味は、単なる有名人ではなく、徳を備えた、人として敬愛されるような人物として人々に認めてもらうということです。自分の本分を果たして、実績を上げた人物のことを意味します。

名を遺すために何かをするのではなく、志を持って道を追求する姿勢を貫き、その結果が人々の心に残り、その人物を語り継がれることになります。

世間の評判や評価を気にしているうちは、成し遂げられないことでしょう。

2月24日

伯牛疾有《はくぎゅうやまいあ》り。子《し》、之《これ》を問《と》う。より其《そ》の手《て》を執《と》り、曰《い》わく、之亡《これな》からん。命《めい》なるかな。斯《こ》の人《ひと》にして斯《こ》の疾有《やまいあ》るや、斯《こ》の人《ひと》にして斯《こ》の疾有《やまいあ》るや。（雍也篇）

弟子の伯牛が重い病にかかった。先生は彼を見舞ったが、窓越しに手を握っておっしゃった。
「こんなことがあっていいはずがない。これも天命なのだろうか。こんな立派な人がこのような病になろうとは、このような立派な人がこのような病になろうとは。」

伯牛は孔子と七歳差で優秀な弟子のひとりでした。重篤な病に罹《かか》り、瀕死《ひんし》の状態です。見舞いに行った孔子は窓から彼の手を握ります。そうせざるを得なかったのは、彼が伝染病にかかっていたからとの説もあるようです。敬愛する先生に何かあってはいけないと、家人たちが配慮したのか。いずれにしても、孔子の深い絶望が感じられます。

寝食を共にして学ぶ師弟の絆は、私たちの想像以上に強かったと思われます。先生に手を握られた伯牛にはどんな想いが巡ったのでしょう。長寿だった孔子は弟子や息子との悲しい別れを経験することになります。とても切ない場面です。

孔子《こうし》曰《のたま》わく、君子《くんし》に三戒《さんかい》有《あ》り。少《わか》き時《とき》は、血気《けっき》未《いま》だ定《さだ》まらず、之《これ》を戒《いまし》むる色《いろ》に在《あ》り。其《そ》の壮《さかん》なるに及《およ》びてや、血気《けっき》方《まさ》に剛《つよ》なる、之《これ》を戒《いまし》むる闘《たたかう》に在《あ》り。其《そ》の老《お》ゆるに及《およ》びてや、血気《けっき》既《すで》に衰《おとろ》う、之《これ》を戒《いましい》むるに得《う》るに在《あ》り。（季氏《きし》篇）

先生がおっしゃった。

「君子たる者が、それぞれの時期で留意すべき三つのことがある。まず青年期は感情が激しくまだ血気が定まらない。こういう時期には色欲に陥らないようにする。次に壮年期は血気は定まるが自分の強さを主張したくなる。そのために他人との争いごとを起こしがちになる。これを戒める。最後に老年期には血気は収まるが、名誉や権力欲が強くなる。それに警戒することが必要だ。」

孔子は人生を通して警戒しなければいけないことを、三つの時期に分けて語っています。

まだ人格形成半ばの青年は異性関係。実力も自信もついてきた壮年期は自己主張。老年期は安寧な生活と物欲や名誉欲。誰もが思い当たることですが、陥らないように抑制できてこそ君子と言えます。様々な好ましくない欲望があっても、それを越える志やよき仲間の存在、感動する柔らかな感性があれば、道を外れることはないでしょう。

孔子の言葉は、私たちが忘れている大事なことを思い出させてくれます。

2月26日

子《し》、衛《えい》に適《ゆ》く。冉有《ぜんゆう》僕《ぼく》たり。

子《し》曰《のたま》わく、庶《おお》きかな。

冉有《ぜんゆう》曰《い》わく、既《すで》に庶《おお》し、又何《またなに》をか加《くわ》えん。

子《し》曰《のたま》わく、之《これ》を富《と》まさん。

曰《い》わく、既《すで》に富《と》めり。又何《またなに》をか加《くわ》えん。

曰《のたま》わく、之《これ》を教《おし》えん。(子路篇)

先生が衛の国へ行かれた時、弟子の冉有が御者としてお供をした。

先生が感嘆しておっしゃった。

「人が多いねぇ。」

「はい、多くて賑やかですが、先生ならこの上、何をなさいますか。」

と冉有が質問した。先生はおっしゃった。

「民を豊かにしてあげたいねぇ。」すると冉有がさらに質問した。

「もし民が豊かになったら、その次には何をなさいますか。」

先生がおっしゃった。「人の道を教育したいね。」


実に深いやり取りです。人口が多くて、一見繁栄しているようでも、民が本当に安定した心持ちではないことを孔子は察しています。

孔子に質問を重ねる冉有の優秀さも光ります。まず経済の安定、そして教育。生活の安定はよい政治が行われることが前提です。そして文化の向上は教育によります。徳治政治を理想とする孔子の考え方がわかります。

現代にも通じる政治の在り方です。徳有るリーダーを皆が慕い集まってくる。経済が安定し、秩序が確立し、教育によって豊かな文化・教養が確立する。これは永遠のテーマです。

孟懿子《もういし》、孝《こう》を問《と》う。

子曰《しのたま》わく、違《たが》うこと無《な》し。

樊遅御《はんちぎょ》たり。

子之《しこれ》に告《つ》げて曰《のたま》わく、孟孫《もうそん》孝《こう》を我《われ》に問《と》う、我対《われこた》えて曰《い》わく、違《たが》うこと無《な》し。（為政篇《いせいへん》）

魯の国の大夫・孟懿子が孝について質問した。

先生が孟懿子におっしゃった。

「違うことがないようにすることがよろしいでしょう。」

その帰り道、先生の御者をしている樊遅におっしゃった。

「孟懿子に親孝行とはどうしたらいいかとたずねられたので、違うことがないようにすることでございますと、答えたのだ。」


帰り道、馬車に揺られながら、孔子がリラックスして樊遅に話しかけている様子が目に浮かぶようです。樊遅は御者をする機会が多く、行き帰りの馬車で孔子と会話を交わしています。学問はまだ深まっていない樊遅ですが、素直な性格で孔子に率直な質問をすることがあります。

孟懿子とのやり取りの内容や、あるいは孟懿子の反応に不満があったのか、定かではありませんが、孔子は樊遅に報告するように話しています。

孔子の言う、違うことなしとはどういう意味なのでしょう。

次ページの回答を見てみましょう。

樊遲《はんち》曰《い》わく、何《なん》の謂《いい》ぞや。子曰《しのたま》わく生《い》けるには之《これ》に事《つか》うるに礼《れい》を以《も》ってし、死《し》すれば之《これ》を葬《ほうむ》るに礼《れい》を以《も》ってし、之《これ》を祭《まつ》るには礼《れい》を以《も》ってす。

（為政篇）

樊遲が「それはどういう意味でございますか」と質問した。
先生がおっしゃった。
「親が健在の時には礼を以ってお仕えし、亡くなったら礼に従って葬り、年忌の祭礼も礼に従って営む。親が生きている時も亡くなってからも、全て礼に則り行うことが孝行なのだ。つまり礼に違うことなし、ということだ。」

樊遲の質問に孔子は具体的に答えています。どんな時も礼から離れてはいけないということです。当時は先人たちが守ってきた礼をないがしろにする為政者たちが出始め、孔子はそんな政治の状況を苦々しく思っていました。礼が軽んじられると、文化・伝統が廃れて、やがて国の衰退にもつながると考えていました。礼は人間関係を円滑にするためのものです。人の心を形にしたものとも言えます。あるいは社会の秩序とも言われますが、単なる規範ではなく、そこには情緒があります。

孔子は若い樊遲に、孟懿子との出来事を通して礼の大切さを伝えたかったように感じます。

三月

3月1日

子曰《しのたま》わく、古《いにしえ》の者《もの》の言《げん》に之《これ》出《いだ》さざるは、躬《み》の逮《およ》ばざるを恥《は》ずればなり。（里仁《りじん》篇）

先生がおっしゃった。
「昔の人々が軽々しく言葉に出して言わなかったのは、自分の行いが言葉に伴わないことを恥じたからだ。」

孔子の言葉に対する強い責任感が感じられます。『論語』には「駟《し》も舌に及ばず」という諺《ことわざ》が出てきます。一度口に出した言葉は四頭立ての馬車で追いかけても追いつけないという意味です。失言は取り消せないということです。

恥ずかしいという感覚は、今の私たちと先人たちとでは差があるように感じます。現代人には実際に実行できなくてもやり直せばいい、あるいは謝れば許してもらえるという安易な気持ちがどこかにあるのではないでしょうか。

誰にとっても言葉が大事であることは変わりません。しかし立場が上になればなるほど、慎重にならなくてはいけません。言葉はその人を表すとも言います。常に意識したいものです。

3月2日

子《し》曰《のたま》わく、詩《し》三《さん》百《びゃく》、一《いち》言《げん》以《も》って之《これ》を蔽《おお》う。曰《い》わく、思《おもい》邪《よこしま》無《な》し。（為《い》政《せい》篇）

先生がおっしゃった。
「『詩経《しきょう》』には様々な詩が三百篇あるが、その全てに貫かれているのは邪念が一切ないということだ。」

詩三百とは『詩経』のことで中国最古の詩集と言われています。孔子門下では必読の書です。内容は自然を歌ったもの、恋愛の情もあれば人生の嘆きも歌われています。さらに朝廷での行事や先祖を祭る際にも歌舞を伴って用いられる詩も含まれます。孔子はこれらを暗誦《あんしょう》できるほど読みこなせと言います。

やがて政治家や外交官になる弟子たちには、教養として『詩経』を身につけてほしかったのです。外交の場や大事な宴席で、詩を通して重要な会話を交わせる人材になることを望んでいたからです。知識を活学する時の原動力は、感動する心と情緒だと言っていた祖父の言葉を思い出します。

子曰《しのたま》わく、吾《われ》十有五《じゅうゆうご》にして学《がく》に志《こころざ》す。三十《さんじゅう》にして立《た》つ。四十《しじゅう》にして惑《まど》わず。（為政篇）

先生がおっしゃった。
「私は十五歳の頃に先人の遺した学問をしようと決心した。三十歳になって学んだことによって、自分なりの見識が確立した。四十歳になって物事の道理がわかり、迷わなくなった。」

これは孔子が晩年に人生を振り返って言った言葉です。孔子は十五歳頃に学問しようと志します。当時は道義が廃れ、政治も腐敗しかけていました。よい国造りのために何をするべきか。まず学んで自らの身を修めようと決心します。

その後の孔子はがむしゃらに突き進みます。学問を深めつつ、下級役人として職務に励み、頭角を現します。この頃、弟子がつき始めます。自信がつき、目途が立ったのが三十歳の頃です。

夏《か》・殷《いん》・周《しゅう》という過去のよき時代を徹底的に検証したことで、国を治めるには人こそすべてということに行きつきます。古典を通して原理・原則を知り、迷いがなくなったのが四十歳の頃ということです。

この章句は次ページのように続きます。

五十《ごじゅう》にして天命《てんめい》を知る。六十《ろくじゅう》にして耳《みみ》順《したが》う。七十《しちじゅう》にして心《こころ》の欲《ほっ》する所《ところ》に従《したが》えども、矩《のり》を踰《こ》えず。（為政篇）

「五十歳になって天が自分に与えたものが何であるかがわかった。六十歳になって人の話を素直に聴けるようになった。七十歳になって心の欲するままに行動しても、社会の規範に収まり、道理にも違うことがなくなった。」

※この章句より次の言葉が生まれた。「十五歳を志学、三十歳を而立、四十歳を不惑、五十歳を知命、六十歳を耳順、七十歳を従心。」

精力的に活動を続けて、五十歳を迎える頃には、徳を以って道を説くことが自分の使命だと悟ります。やがて大臣になった孔子の働きにより国が安定し始めると、君主や大夫たちの退廃した姿に失望した孔子は国を出ます。十数年に及ぶ旅の始まりです。

肩書のなくなった孔子は、今まで見聞できなかった国外のことにも触れます。人の言葉や出来事を素直に受け入れられるようになったのが六十歳頃です。最晩年には心のままに行動しても道理を踏み外さなかったと回想しています。

3月5日

子貢《しこう》、君子《くんし》を問《と》う。
子曰《しのたま》わく、先《ま》ず其《そ》の言《げん》を行《おこな》いて、
而《しか》る後《のち》に之《これ》に従《したが》う。（為政篇）

子貢が君子について質問した。
先生がおっしゃった。
「まず実行することが第一だ。言葉で言うのはその後でよい。」

君子とはどのような人物なのか。頭脳明晰《めいせき》で雄弁家の子貢にはまず行動することを告げています。もしかすると子貢は言葉が先行することがあったのかもしれません。言葉も大事だが、行動で示すことが先だ。孔子の考えは明快です。

子貢にこのような質問をされた孔子は、「これはいい機会だ」と内心思ったかもしれません。質問に答える形で、日頃気になっていたことをうまく伝えています。いきなり「言葉が過ぎる時があるので、気をつけなさい。」と注意されたらどうでしょう。反発があるかもしれません。しかし質問の答えとして聞いたら、素直に気をつけようと思えます。孔子の伝え方のうまいところです。

3月6日

子《し》曰《のたま》わく、辞《じ》は達《たつ》するのみ。（衛霊公《えいれいこう》篇）

先生がおっしゃった。
「言葉は相手に自分の意志を十分に伝えることこそが大事なのだ。」

言葉は伝えることが大事で余計な装飾はいらないという意味です。確かにその通りですが、少し乱暴な表現のようにも感じます。

言葉には聞く、話す、書く、読むという働きがあります。いずれの場合も、語彙《ごい》が豊富で優れた言葉を持っていた方が美しく伝わりやすい表現になります。

自分は伝えているつもりでも、実は相手に伝わっていないことがあります。孔子の言うように、まず相手に伝わることが大事です。そのために言葉を磨くことが重要です。読書をする、人の話を聴く、古典に触れる。どれも優れた言葉や表現の宝庫です。丁寧に言葉に向き合うことも心がけたいものです。

子曰《しのたま》わく、君子《くんし》は人《ひと》の美《び》を成《な》し、人《ひと》の悪《あく》を成《な》さず。小人《しょうじん》は是《こ》れに反《はん》す。（顔淵《がんえん》篇）

先生がおっしゃった。

「君子は人の良いところを見つけて褒めて、さらによくなるように導く。欠点はそれ以上大きくならないようにする。しかし小人は全く反対のことをしてしまう。」

人の失敗や間違いは目につきがちですが、人には欠点もあれば、いいところもあります。まずいいところを見つけようというのが孔子の考えです。単に長所だけではなく、その人が善い行いをしている姿を見た時、努力を続けた結果、志を遂げられた時、共に喜べることも「人の美を成す」ことです。

もしも欠点があったり、直してほしい点があったとしたら、そっと教えて直してあげる。それがよい人間関係を築くコツかもしれません。いきなり欠点を指摘するより、共鳴できることや優れている点を話すことから始めれば、気持ちも和みます。信頼関係があれば長所も短所も話題にできるのだと思います。

3月8日

子《し》曰《のたま》わく、述《の》べて作《つく》らず。信《しん》じて古《いにしえ》を好《この》む。竊《ひそか》に我《われ》を老彭《ろうほう》に比《ひ》す。（述而《じゅつじ》篇）

先生がおっしゃった。
「私は昔から伝わっているものを語っているだけで、何も新しいものは作り出していない。先人の遺した正しい道を信じて、それを好んでいるだけだ。私が尊敬している昔の殷《いん》の賢大夫・老彭のようになりたいと、密かに願っている。」

孔子ほどの人物が私は何も作り出していないと言ったことに感動します。

科学や医学等日々発展し、社会に貢献するものがたくさんあります。その一方で、原理・原則を伝える哲学は、何千年経っても変わりません。人間の精神世界の根底に流れる源流のようなものです。

先人の遺してくれたものが偉大であっても、その価値を見出し、自分の言葉で次世代に伝えられる人は限られています。私たちにとっては孔子がその原点でしょう。豊かな教養と義を重んじる徳、決断力、実践力。そして何よりも人を感化する魅力のある人物です。

先人たちが力を注いで遺してくれたものを活かすことが私たちの使命です。

3月9日

子曰《のたま》わく、回《かい》や我《われ》を助《たす》くる者《もの》に非《あら》ざるなり。吾《わ》が言《げん》に於《お》いて、説《よろこ》ばざる所《ところ》無《な》し。（先進篇《せんしんへん》）

先生がおっしゃった。
「顔回は私を啓発してくれることがない。私の言葉を全て理解し、喜んでばかりいる。これでは私の助けにはならない。」

回とは弟子の顔回のことです。孔子門下で最も優秀な人物です。多くの弟子の中で唯一怒られたことのない人物でもあります。極貧の中でも道を求めて学ぶことを楽しんでさえいました。

他の弟子たちは、孔子の教えを聴いてわからないことは質問します。あるいは理解するのに時間のかかる者もいます。一方、孔子も弟子たちとの対話で得るものがあったのでしょう。顔回はそれをさせてくれないほど優秀ということです。寡黙で聡明《そうめい》な顔回くんが可愛くて仕方がない孔子の様子が窺《うかが》えます。自分の助けにならないと言いながら嬉しそうにしている姿に人間味を感じます。

魯《ろ》人《ひと》長府《ちょうふ》を為《つく》る。
閔子騫《びんしけん》曰《い》わく、旧貫《きゅうかん》に仍《よ》らば、
之《これ》を如何《いかん》、何《なん》ぞ必《かなら》ずしも改《あらた》め作《つく》らん。
子《し》曰《のたま》わく、夫《か》の人《ひと》言《い》わず、
言《い》えば必《かなら》ず中《あた》る有《あ》り。（先進篇）

魯の当局者が長府という蔵を改築して大きくした。

閔子騫が言った。

「古いものを改修したらそのまま使えるのに、必ずしも新しくする必要はないのではないか。」

これを聞いた先生はおっしゃった。

「彼はめったにものを言わないが、言えば必ず図星ということだ。」


今も同じようなことが起こっていますね。まだ使えるものを費用と手間をかけて改築する必要があるのか。閔子騫の言葉は当局者にとっては耳が痛かったでしょう。

大きくて立派な蔵には何を備蓄するのでしょうか。どうも民のためのものではなさそうです。民の生活が安定するために費用を使うべきだと、暗に言っているように感じます。

孔子の言葉に「用を節し」という表現があります。上に立つ者は国の予算を浪費してはいけない、節約するという意味です。閔子騫の言葉は孔子の考えに重なります。いつの世も上の立つ者の心得は変わりません。

子曰《しのたま》わく、譬《たと》えば山《やま》を為《つく》るが如《ごと》し。未《いま》だ一簣《いっき》を成《な》さざるも、止《や》むは吾《わ》が止《や》むなり。

（子罕《しかん》篇）

先生がおっしゃった。
「学問修養することは、たとえば山を築くようなものだ。あともっこ一杯の土で完成するのに止めてしまう。これは自分のせいだ。」

学問修養の道は険しく、それを進むのも諦めてしまうのも自分次第ということです。そしてそれを孔子らしいたとえ話で伝えています。

旅の途中で見かけた工事現場の様子でしょうか。もっことは竹やつるで編んだ籠《かご》で土砂を運ぶために使います。学問修養を究めて、あともう少しのところまで来たのに諦めてしまうのは、山を作る時に最後の一杯の土をあけるのを辞めてしまうのと同じだと言いました。それまでの苦労が全く報われないことになるのです。最後の一歩が最も苦しくて、重要であることを伝えています。諦めるのか全《まっと》うするのかは、誰のせいでもなく自分次第なのです。

譬《たと》えば地《ち》を平《たい》らかにするが如《ごと》し。一簣《いっき》を覆《くつが》すと雖《いえど》も、進《すすむ》は吾《わ》が往《い》くなり。

（子罕篇）

「またたとえば地を平にするために、たった一杯のもっこの土をあけただけでも埋まっていく。これは自分が進んで行ったからである。」

次は窪地《くぼち》を平らにする作業を例にしました。こんな作業はどうやっても無理だと諦めて挑戦しないのも、まずは一杯の土をあけてみようと思えるのも、それはあなた次第だと言っています。これは最初の一歩です。意欲的に挑戦する姿勢は必ず何かを生み出します。結果を得られた時には達成感を得られますが、反対に改めて自分の能力を知ることになるかもしれません。たとえゴールまでたどり着けなくても、努力する人に気づいたり、新しい出会いに恵まれることもあります。

経験したことは次へつながります。その機会を自分から手放してはもったいないです。最初の一歩と最後の一歩は自分次第です。

大宰《たいさい》、子貢《しこう》に問《と》いて曰《い》わく、夫子《ふうし》は聖者《せいじゃ》か。何《なん》ぞ其《そ》れ多能《たのう》なるや。子貢《しこう》曰《い》わく、固《もと》より天之《てんこれ》を縦《ゆる》して将《まさ》に聖《せい》ならんとす。又多能《またたのう》なり。（子罕篇）

大宰の職にある者が子貢にたずねた。

「あなたの先生は聖人でしょうか。なんと多能な方なのでしょう。」

子貢はそれに対して次のように答えた。

「はい、その通りでございます。天が先生を聖人になることを許されたのです。その上、さらに多能でいらっしゃいます。」


大宰とは首相に相当する地位です。そのような人物が、孔子の多能ぶりに感激し、まさに聖人だと思ったのでしょう。弟子の子貢に質問しています。子貢は自分の先生の素晴らしさを認めてもらった嬉しさもあり、自慢げに答えていますが、さすが子貢です。本質を捉えています。

天が孔子に聖人になることを許しているのは優れた人格者だからで、その上、多能なのだと。大宰は多能だから聖人だという認識だったのでしょう。孔子の傍で学び、孔子の数々の言葉から、聖人とはいかなる人物かを明確に捉えている子貢の聡明さと孔子に対する敬愛の念が感じられます。

子《し》之《これ》を聞《き》きて曰《のたま》わく、大宰《たいさい》我《われ》を知《し》れるか。吾《われ》少《わか》くして賤《いや》し。故《ゆえ》に鄙事《ひじ》に多能《たのう》なり。君子《くんし》多《た》ならんや、多《た》ならざるなり。牢《ろう》曰《い》わく、子《し》云《い》う、吾《われ》試《もち》いられず。故《ゆえ》に芸《げい》有《あ》り。（子罕篇）

孔子がこのやりとりを聞き、次のようにおっしゃった。
「大宰は私の何を知っているのだろうか。私は若い頃、地位も無く貧しかった。そのためつまらない芸能を習いおぼえた。私が多能なのは褒められたことではない。聖人は多能である必要があろうか、いやその必要はない。」
弟子の牢も言っている。
「そういえば先生は、私は世の中に用いられなかったので多芸になった、とおっしゃっていたことがあった。」

大宰と子貢のやりとりを聞いた孔子は、全く二人ともわかっておらんな、と心の中でつぶやいたのかもしれません。自分が多能であることは認めつつ、それは聖人の条件ではないと、きっぱりと言いました。謙遜もあると思いますが、孔子の描く聖人像に自分は合致していないことを自覚していたのでしょう。

鄙事に多能とは、今風に言えばアルバイト三昧だったということだな、と解釈して下さった恩師の言葉が思い出されます。

あくまでも己の身を修めることを第一とする孔子の教えが感じられるやり取りです。

3月15日

子《し》曰《のたま》わく、已《や》んぬるかな、吾《われ》未《いま》だ徳《とく》を好《この》むこと色《いろ》を好《この》むが如《ごと》くなる者《もの》を見《み》ざるなり。（衛霊公篇）

先生がおっしゃった。
「なんと情けないことだ。私は美人を好むほど熱烈に徳を好む者を、未だに見たことがない。」

孔子の強い嘆きが感じられます。そして表現には人間味が感じられます。徳は人にとって最も大切なもの。これをなくしたら、もう人間ではないというのが徳だ。と祖父は言っていました。徳は崇高なものであることは分かりますが、正しいことができる力と解釈してみてはどうでしょう。より身近に捉えることができます。

政治が腐敗し停滞したのは、リーダーと言われる人々の徳が失われた結果だと、孔子は断定しています。恋人を想う情熱は自然に湧いてくる感情です。そのくらい徳も自然に、当たり前に発揮できるものであってほしいと孔子は願ったのでしょう。

3月16日

車《くるま》に升《のぼ》るときは、必《かなら》ず正《ただ》しく立《た》ちて綏《すい》を執《と》る。車中《しゃちゅう》にては、内顧《ないこ》せず。疾言《しつげん》せず。親《した》しく指《さ》さず。（郷党《きょうとう》篇）

車に乗っている時は、まっすぐに立ち、車の垂れ紐《ひも》をしっかり握り、まわりを見渡したりせず、賑やかにしゃべったり、あちらこちらを指さしたりしなかった。

馬車で移動中のあるべき姿を描写しています。心がけることは現代と変わらないです。当時の車は馬車ですが、箱のような形でかなり高さがあったようです。綏を執るとは、つり革をしっかり握るのと同じことです。

さらに大事なことは、きょろきょろしないということです。まるで物見遊山のような態度で指さしながら、おしゃべりをするなどもってのほかです。高さのある車で道を行けば、皆が道を譲ります。目立ちます。常に姿勢を正すことを意識しなければなりません。

だらしない態度の人が、いくら善言を言っても響きません。言葉ではなく、むしろ態度からその人の人柄が伝わってくることもあります。

3月17日

子曰《しのたま》わく、其《そ》の位《くらい》に在《あ》らざれば、其《そ》の政《まつりごと》を謀《はか》らず。（泰伯篇《たいはくへん》）

先生がおっしゃった。
「自分がその地位にないのであれば、その仕事に口出ししたりすべきではない。」

まず自分の職務を全うすることに注力する、それぞれの人が己の分を弁《わきま》えて仕事に励むことで、組織がよく治まるという考え方です。

協力をしないということではありません。相談されたら誠実に対応するのは当然です。優先順位を間違えなければいいのです。そして悪意ある思惑で口出しする人を排除することも大事です。

人の部署のことはいろいろ言いたくなるかもしれません。でもその部署にいる人は、既に問題点を把握しているかもしれません。外部の人にはわからないこともあります。まずは自分の職務に励みましょう。

3月18日

子曰《しのたま》わく、能《よ》く礼譲《れいじょう》を以《も》って国《くに》を為《おさ》めんか、何《なに》か有《あ》らん。能《よ》く礼譲《れいじょう》を以《も》って国《くに》を為《おさ》めずんば、礼《れい》を如何《いかん》せん。（里仁篇）

先生がおっしゃった。
「もし礼儀を重んじ、譲り合う気持ちで国を治めるならば、何か難しいことがあるだろうか。国を治めるのに、礼儀や謙譲の気持ちがなかったら、たとえ礼の制度が整っていたとしてもうまく行かないだろう。」

徳治政治を理想とする孔子にとっては、礼譲は最も重視するものです。礼に適《かな》った行いや譲り合う気持ちがなければ、国だけではなく、どんな組織も集団もうまく治まりません。

しかし制度や法律が整っていれば、それだけでうまく治ると安心しがちです。自分の行いを振り返ることが疎《おろそ》かになります。

「仏造って魂入れず」という諺があります。形を造って完成間近なのに、最も大事な仕上げが抜け落ちているのです。国を治め、人を治める時に礼が抜け落ちていることは、それほど大きな欠陥なのです。外形の美しさではなくハートが大切なのです。

子貢告朔《しこうこくさく》の餼羊《きよう》を去《さ》らんと欲《ほっ》す。子曰《しのたま》わく、賜《し》や、爾《なんじ》は其《そ》の羊《ひつじ》を愛《おし》む。我《われ》は其《そ》の礼《れい》を愛《おし》む。（八佾篇《はちいつ》）

告朔の儀式で、生贄《いけにえ》の羊を供えるのは、やめてもいいのではないですか、と子貢が孔子に言った。孔子は子貢に向かっておっしゃった。
「賜よ、お前は羊を惜しむようだが、私はむしろ礼が廃れるのを惜しむ。」

告朔の儀式とは、生贄の羊を先祖に備える儀式で、毎月一日に行われていました。羊を供物とすることを、元々、子貢はよく思っていなかったようです。孔子はこうした祭礼や重要行事が簡略化されることが文化の衰退につながり、やがては国を危うくすると考えていました。

私たちが墓参に行ったり、お供えをするのは、たとえ目には見えなくてもそこにはご先祖様がいると感じているからです。神様や仏様に畏敬《いけい》の念を持つことは、同時に私たちに謙虚さを教えてくれます。合理的なこと、言葉で説明できることばかりでは、解決できないこともあるのです。

※賜は子貢の名。

子《し》、陳《ちん》に在《あ》りて曰《のたま》わく、帰《かえ》らんか、帰《かえ》らんか。吾《わ》が党《とう》の小子《しょうし》、狂簡《きょうかん》にして斐然《ひぜん》として章《しょう》を成《な》す。之《これ》を裁断《さいだん》する所以《ゆえん》を知《し》らず。（公冶長《こうやちょう》篇）

先生が陳に滞在している時におっしゃった。
「さぁ帰ろう、帰ろう。故郷にいる若者たちは、志は大きいが、それをまだ実行できていない。たとえて言うなら、彼らは素晴らしい文様の織物のようだが、それを裁断して服にするまでにはなっていない。帰って彼らを育てなければ。」

十数年に及ぶ諸国歴訪の旅をいよいよ終わらせようと決心した時の孔子の心情です。自分の信じる理想の政治を実現するために、徳や礼について説いてきた孔子ですが、残念ながら社会情勢は戦乱の世になっていきます。

しかし嘆いているだけではなく、故郷の若者に次の時代を託そうと、心を新たにします。教育者としての孔子の意欲が感じられます。前途洋々の若者を美しい織物にたとえたところに、表現力の豊かさがあり、感心させられます。どのような時代であっても、次の時代への責任があります。先哲の教え、原理・原則を伝えることを疎かにしてはいけないと思います。

3月21日

子貢《しこう》人《ひと》を方《たくら》ぶ。子曰《しのたま》わく、賜《し》や賢《けん》なるかな。夫《そ》れ我《われ》は則《すなわ》ち暇《いとま》あらず。（憲問《けんもん》篇）

子貢はよく人を比較することをしていた。
先生がおっしゃった。
「賜や、お前は賢いなぁ。私には人を比較している暇など、とてもありはしないがな。」

孔子が「またか」というように苦笑いしている様子が想像できる言葉です。子貢が日頃から人物批評を好んでいたことがわかります。たとえば二人の若い弟子を取り上げて「どちらが優秀ですか」と孔子にたずねる場面もあります。

孔子も様々な人物を取り上げて人物評をしていますが、その人物の欠点でも長所でも批評してそのままではありません。そこから本来はどうにあるべきかという結論を弟子たちに示しています。多少興味本位の子貢とは差があります。

人は人によって磨かれます。よき例も悪い例も自分を磨く材料にしたいものです。批評して終わりでは、ただの興味本位で終わってしまいます。

子《し》曰《のたま》わく、君子《くんし》は義《ぎ》以《も》って質《しつ》と為《な》し、礼《れい》以《も》って之《これ》を行《おこな》い、孫《そん》以《も》って之《これ》を出《い》だし、信《しん》以《も》って之《これ》を成《な》す。君子《くんし》なるかな。（衛霊公篇）

先生がおっしゃった。
「君子は義を本質として、礼によって義を行い、謙虚な気持ちで言葉にする。そして誠をもって義を完成させる。これこそが君子なのだ。」

孔子は君子のあり方を義、礼、孫、信の四つの言葉で表しました。物事を成す時には、まず正義、道義を必ず根本に置くこと。そして実践する時に礼に適っているかを常に意識する。礼とは社会規範です。人々が納得するような行動がとれているだろうかと振り返ることも重要です。

さらに言葉はどうでしょう。人々に伝わるように、謙虚に丁寧に話しているか。最後に最も大事なことは誠実さを貫くことです。どんな正義を語っても篤《あつ》い志があっても、正しいやり方をしても、信頼される人間であることが欠かせません。たった四つの文字ですが、孔子の想いが詰まっています。

3月23日

子曰《しのたま》わく、衆之《しゅうこれ》を悪《にく》むも必《かなら》ず察《さっ》す。衆之《しゅうこれ》を好《この》むも必《かなら》ず察《さっ》す。（衛霊公篇）

先生がおっしゃった。
「多くの人が憎んでも、そのまま信用せずに自分でよく観察する。また多くの人がよいと言っても、そのまま信用せずに自分でよく観察しなければいけない。」

人の評判や噂話が気になることも、それに影響されそうになることも時にはあります。大衆の意見や傾向は参考になっても、それを鵜呑《うの》みにして判断してはいけないということです。

最終的には自分で確かめるしかないのですが、そのためには人を観る目を養っておかなければなりません。また情報を精査する力もないと正しい判断ができません。

人を貶《おとし》めるために悪い評判を流したり、いい人だと思われたくて、自分に有利な噂を流す人もいます。自信がない時ほどそのような評判に惑わされることになります。情報が氾濫している現代では一層難しいことではありますが、やはり人を信じられる社会であってほしいです。

3月24日

子曰《しのたま》わく、君子《くんし》は貞《てい》にして諒《りょう》ならず。（衛霊公篇）

先生がおっしゃった。

「君子は正しいことは固く守って変わることがないが、だからと言って融通が利かない頑《かたく》なさはない。」

正しいことを守るとは、社会のルールを守るということも意味しますが、義を通す、筋を通すということでもあります。人として踏むべき道を外さない強さを指しています。

一方で、自分が正しいと思っていることでも、もしかしたらそうではないかもしれません。あるいは自分には思いつかなかったことに気づかせてもらえる機会もあります。その時には素直に受け入れる柔軟性も併せ持っているのが、理想の人物です。

正義を通すことと頑固は異なります。柔軟で順応性があることは、結局自分の器を大きくすることになります。

子《し》曰《のたま》わく、恭《きょう》にして礼《れい》無《な》ければ則《すなわ》ち労《ろう》す。慎《しん》にして礼《れい》無《な》ければ則《すなわ》ち葸《し》す。勇《ゆう》にして礼《れい》無《な》ければ則《すなわ》ち乱《らん》す。直《ちょく》にして礼《れい》無《な》ければ則《すなわ》ち絞《こう》す。（泰伯篇）

先生がおっしゃった。
「恭《うやうや》しい態度でも礼に適っていなければ徒労になる。事に当たって慎重であることはいいが、礼に適っていなければ、ただの臆病者になってしまう。勇気があるのはいいが、礼に適っていなければ、乱暴者になってしまう。まっすぐで正直なのはいいが、礼に適っていないと人に対して冷徹になってしまう。」

恭しさも誰に対してかが明確でないと徒労になってしまいます。何かを成す時には慎重さが必要ですが、それは見通しや綿密な計画があるから活かせます。それらがなくて行動に移せないのはただの臆病者です。本物の勇気は人のため、社会のために尽力することですが、自分勝手な思い込みで行動したら乱暴者になってしまいます。真面目さや正直さも度を越すと冷酷になってしまいます。人を慮《おもんばか》る余裕がないからです。礼は社会規範ですが、同時に人の気持ちを形に表したものでもあります。よい資質は礼の働きによって、あるべき形になって現れるのです。

君子《くんし》親《しん》に篤《あつ》ければ、則《すなわ》ち民《たみ》仁《じん》に興《おこ》る。故旧《こきゅう》遺《わす》れざれば、則《すなわ》ち民《たみ》偸《うす》からず。（泰伯篇）

「君子が自分の親族に手厚くすると、それを観ている民が影響を受けて仁愛の気持ちが深まる。また昔なじみや知り合いを大事にすると、民も見習って人情に厚くなる。」

自分の親族に手厚くするというのは、身内を重用するとか、身びいきすることではありません。一族の冠婚葬祭などを皆で丁寧に行い、親孝行し、兄弟姉妹が仲睦《むつ》ましいことを言います。そのような家族のつながりを見た人々も、同じようにありたいものだと自然に思うということです。

若い頃からの友人を、歳月が経っても立場が変わっても大事にしている様子は微笑ましいものです。人々も好感を持って受け止め、見習うでしょう。

上に立つ者は観られています。影響力が大きいです。言葉だけではなく、よき行いが人々の心に響いていきます。

3月27日

司《し》馬《ば》牛《ぎゅう》憂《うれ》えて曰《い》わく、人《ひと》皆《みな》兄《けい》弟《てい》有《あ》り。我《われ》独《ひと》り亡《な》し。（顔淵篇）

司馬牛が嘆いて言った。
「人は皆兄弟がいて、仲睦ましくしているのに、私にはいません。寂しいのです。どうしたらよいのでしょう。」

司馬牛は孔子の弟子ですが、兄が乱暴者で孔子の命を狙うような人物だったようです。そのことが司馬牛にとっては悩みの種でもあり、肩身の狭い思いをしていたことが想像できます。

孔子の門下生は、出身地や家庭環境、家族関係が異なります。それぞれに事情があり、入門の経緯にも様々な理由があったと思われます。

司馬牛の場合は、孔子の弟子になったものの、兄の存在が嘆きの理由です。「我独り亡し」の言葉には、深い嘆きと寂しさが滲《にじ》んでいます。この章句は次ページに続きます。

3月28日

子夏《しか》曰《い》わく、商《しょう》之《これ》を聞《き》く、死生《しせい》命《めい》有《あ》り、富貴《ふうき》天《てん》に在《あ》り。君子《くんし》は敬《けい》して失《うしな》うこと無《な》く、人《ひと》と恭《うやうや》しくして礼《れい》有《あ》らば、四海《しかい》の内《うち》、皆《みな》兄弟《けいてい》なり。君子《くんし》何《なん》ぞ兄弟《けいてい》無《な》きを患《うれ》えん。

（顔淵篇）

子夏が言った。
「私は先生からこんなことを聞いたことがあります。人の生死も富貴も天命なので、人の力ではどうすることもできません。君子が自分の身を慎んで、人の道からはずれないようにして、人との関係を丁寧にして礼を大事にできれば、世の中の人々は皆兄弟のように温かく接してくれるでしょう、と。だから君子はどうして兄弟がいないことを嘆くでしょうか、いや嘆きません。心配することはありません。」

兄弟子の子夏が優しく慰めています。穏やかで温和な性格でしかも優秀な子夏らしい言葉です。単に慰めるのではなく、孔子の言葉を引用しながら、自分たちが目指している君子像を話したのです。

人の力の及ばないことで悩んでも仕方がない、自分がきちんと生きれば、兄弟のように信頼できる仲間は必ずできると。司馬牛のような悩みは、いつの世にも起こり得ることです。自分さえしっかりしていればいいのだという孔子の考え方には、強く励まされたに違いありません。先入観や偏見を持たずに人と向き合うことの大切さを私たちも忘れずにいたいです。

子曰《しのたま》わく、狂《きょう》にして直《ちょく》ならず。侗《どう》にして愿《げん》ならず。悾悾《こうこう》として信《しん》ならざるは、吾《われ》は之《これ》を知《し》らず。（泰伯篇）

先生がおっしゃった。

「情熱的であって正直でない、未熟でありながら律義さがない、愚直でありながら誠実さがない。このような者は私にはどうしようもない。」


欠点は誰にもありますが、それを補う長所もあるはずです。あってほしいと思います。でも残念ながら欠点がまさっている場合があります。そのような人には為すすべがないと、孔子は言いました。

孔子の教えには、まず人の良いところを見るようにするというものがあります。欠点は目立ちますが、そこを指摘する前に良いところを探そうということです。探しても見つからない時の無力感、絶望感を孔子は味わったことがあるのかもしれません。

世の中にはこのようなこともあり得ることを弟子たちに伝えたかったのでしょうか。教育者としての孔子の嘆きが聞こえてきそうです。

3月30日

子曰《しのたま》わく、三年《さんねん》学《まな》びて、穀《こく》に至《いた》らざるは、得易《えやす》からざるなり。（泰伯篇）

先生がおっしゃった。
「三年間も学問修養して、就職を焦らない人は甚だ得難い人物だ。」

周りの人が次々に仕官していくのに就職口を得られない弟子が、就職相談をしている場面も『論語』にはあります。

三年という期間は一つの区切りかもしれません。一通り学んで自信もつき始め、現場に出てみたくなる、そんな時期と言えます。そのような風潮のある中で、仕官には興味がなく、学び続けようとする人物は滅多にいなかったのでしょう。仕官を望むのは悪いことではありませんが、よい就職口を得るために学んでいるとしたら本末転倒です。学ぶのは自己修養のためで、それを出世や裕福になることに利用してはいけないのです。何ごとも本質をとらえることが肝心です。

子《し》、川《かわ》の上《ほとり》に在《あ》りて曰《のたま》わく、逝《ゆ》く者《もの》は斯《かく》の如《ごと》きか。昼夜《ちゅうや》を舎《や》めず。（子罕篇）

先生が川のほとりで思いに耽《ふけ》りながら佇んでおっしゃった。「過ぎ去っていくものは、この川の流れのようなものであろうか。昼も夜も一時も止むことなく過ぎていく。」

「ゆく河の流れは絶えずして……」の『方丈記』冒頭の一文を思い出させる言葉です。川の流れに時の流れを重ねた無常観が感じられます。孔子ほどの人物でも思うようにならない世の中を嘆き、無力感に包まれたのでしょうか。

人間味があり、非常に情緒的な表現ですが、異なる解釈もあります。絶えず流れ続ける川の流れのように、時間も人々の営みも進み続ける。学問修養もこのように絶えず努力しなければならない、というものです。意欲的に学ぼうとする姿勢を表現しています。

どちらの解釈も成り立ちますが、前者の方が日本人には共感できるように思います。もののあはれを感受できる、このような日本人の感性がのちの文学にも影響しています。

四月

4月1日

子曰《しのたま》わく、教《おし》え有《あ》りて類《るい》無《な》し。

（衛霊公《えいれいこう》篇）

先生がおっしゃった。
「人は教育によって善にも悪にもなる。最初から人の種類に差があるわけではない。」

私たちは学校の教科やスポーツ、芸術の分野で優秀な人を見ると、生まれつきの才能が違っていると思いがちです。確かに学ぶ過程では習熟度に差があるかもしれませんが、人間性には差はありません。極端な例ですが、大人になった時に道を外れてしまう人とそうでない人の差は何によって生まれるのでしょう。

よき人物との出会いがあり、よき影響を受けたか否かによって生じると考えられます。人は人によって磨かれます。そしてどのような人物に出会えるかは自分次第です。意欲、感動する心、よき仲間、誠実さ、謙虚さ。これらを大事にできる人には、きっと出会いにも人にも恵まれるでしょう。

4月2日

子曰《しのたま》わく、不仁者《ふじんしゃ》は以《も》って久《ひさ》しく約《やく》に処《お》るべからず。以《も》って長《なが》く楽《たのしみ》に処《お》るべからず。仁者《じんしゃ》は仁《じん》に安《やす》んじ、知者《ちしゃ》は仁《じん》を利《り》す。

(里仁《りじん》篇)

先生がおっしゃった。
「不仁の者は逆境には長く留まることはできない。しばらくは耐えられるかもしれないが、やがて苦し紛れに悪事をはたらく。また順境のときも長く平安な生活に耐えられない。しばらくすると享楽に耽《ふけ》るからだ。仁者は仁によって心が安定し、知者は仁の素晴らしさを理解しているので、仁を求めて得ようとする。」

仁者と不仁者、そして知者の姿を表しています。仁者はどのような状況でも、仁から離れることがありません。思うような成果が出なくても、与えられた環境の中で最善を尽くします。不遇であれば、その理由を自分に求めて改善します。知者は仁の重要さを理解しています。実行においては未熟かもしれませんが、仁者を目指しています。

不仁者は自分の身に起こったことの原因を外に求めます。根本の解決にはなりません。その場しのぎの行いに終始します。

言い訳したい時もあります。そんな時には、まず冷静に自分を振り返れるようになりたいものです。

子曰《しのたま》わく、富《とみ》と貴《たっと》きとは、是《こ》れ人《ひと》の欲《ほっ》する所《ところ》なり。其《そ》の道《みち》を以《も》ってせざれば、之《これ》を得《う》るとも処《お》らざるなり。貧《まずしき》と賤《いやしき》とは、是《こ》れ人《ひと》の悪《にく》む所《ところ》なり。其《そ》の道《みち》を以《も》ってせざれば、之《これ》を得《う》るとも去《さ》らざるなり。（里仁篇）

先生がおっしゃた。
「富貴は人が望むものなので、求めることは否定しないが、人の道を踏んで得たものでなければ、心穏やかではいられない。貧しさや地位を得られないことは、人が憎み嫌がるものである。しかし立派な行いをしているにもかかわらず、貧しさから逃れられないのであれば、それも天命であると受け止めて、あくせくしない。」

富や名声を求めることは構いませんが、その求め方が問題です。不義理をしたり、不正をして得たとして、果たして穏やかな心持ちでいられるでしょうか。もし平然としていられるのなら、既に仁を失っていることになります。

貧しさや不遇は誰もが嫌って当然ですが、自分が誠実に仕事をこなし、研鑽《けんさん》を積んでいるにもかかわらず、その境遇から抜け出せないとしたら、耐えられずに、ひきょうなことを考えてしまうかもしれません。天命として受け入れるのは簡単ではありません。どのような境遇にあっても、自分の生き方に矜持を持ちたいものです。

君子《くんし》仁《じん》を去《さ》りて、悪《いず》くにか名《な》を成《な》さん。君子《くんし》は終食《しゅうしょく》の間《あいだ》も仁《じん》に違《たが》うこと無《な》く、造次《ぞうじ》にも必《かなら》ず是《ここ》に於《おい》てし、顛沛《てんぱい》にも必《かなら》ず是《ここ》に於《おい》てす。（里仁篇）

君子は仁から離れて、どうして君子と言えようか。食事の間も仁から離れない。慌てている時にも仁に違わず、躓《つまず》いて倒れそうな緊急の時にも仁を忘れないの君子なのだ。」

前ページの章句の続きです。仁から離れてはいけないということを重ねて語っています。仁がどれ程重要かを伝えたい、強い気持ちが感じられます。

悩みや心配事がある時は自分のことで頭がいっぱいになり、まわりが見えなくなることもあります。あるいは自分が何かに熱中している時、楽しい時間を満喫している時もあります。でもそんな時でさえも仁から離れないのが君子なのです。私たちが実践するのは難しそうですが、心がけることで君子に近づけるはずです。

子貢《しこう》曰《い》わく、夫子《ふうし》の文章《ぶんしょう》は、得《え》て聞《き》くべきなり。夫子《ふうし》の性《せい》と天道《てんどう》とを言《い》うは、得《え》て聞《き》くべからざるなり。

（公冶長《こうやちょう》篇）

子貢が言った。
「先生は徳や文化については、いつでも語られたが、人の本質や宇宙の法則については語られることがほとんどなく、聴くことはできない。」

文章とは徳に拠《よ》って行われる社会の秩序や文化と捉えるとわかりやすいです。孔子は実践することを重視しています。自己修養して得たものは社会のため人のために活かさないと学んだ意味がありません。孔子が実践哲学者と言われる所以《ゆえん》です。

人の命《めい》は天から与えられたものだとすると、それぞれの命は天にしかわかりません。また宇宙の法則も確信を持って語ることができません。孔子は正確に具体的に自分の解釈を自信を持って語れない事物については、口にしなかったのです。もしごくまれに語ったとしたら、それは貴重な瞬間だったのでしょう。

4月6日

子曰《しのたま》わく、君子《くんし》は義《ぎ》に喩《さと》り、小人《しょうじん》は利《り》に喩《さと》る。（里仁篇）

先生がおっしゃった。
「君子は物事に対して道義を考えるが、小人は利益を真っ先に考える。」

これは有名な章句で、よく引用されます。簡潔な言葉ですが、深い意味を含んでいます。物事の判断基準の違いを明快に言い切っています。どれが最も正しいのか。一方、どれが一番利益が大きいか。義に従うか、損得で決めるか。違いは明らかです。

人の上に立つ人は、義を重んじていては立ち行かなくなることもあります。義の大切さを知りながら、利を優先せざるを得なかった時の心の内はどんなでしょう。苦渋の決断だったに違いありません。苦しい経験が次に活かされるのです。君子と小人、義と利はきっちり分かれているわけではありません。常に義を重んじようと努力することが大事なのです。

4月7日

子曰《しのたま》わく、利《り》に放《よ》りて行《おこな》えば、怨《うら》み多《おお》し。（里仁篇）

先生がおっしゃった。
「自分の利益だけを考えて行動すると、人から恨まれることが多い。」

「君子は義に喩《さと》り、小人は利に喩る」という章句とほぼ同義です。自分の利益追求に夢中になっていると、いつか人から恨まれることになるという意味です。

『論語』には「利を見ては義を思う」という言葉もあります。義と利は日頃から大きなテーマだったことがわかります。特にやがてリーダーと言われる地位に就く弟子たちには徹底して義の重みを語ったはずです。何が正しいのかをまず考える。誰が正しいかではなく。常にその時に考えられる最善策を実行する。ほんの僅《わず》かでも私利私欲があってはいけない。これらはいつの時代に共通した原理・原則です。

4月8日

子曰《しのたま》わく、君子《くんし》は和《わ》して同《どう》ぜず、小人《しょうじん》は同《どう》じて和《わ》せず。（子路《しろ》篇）

先生がおっしゃった。

「君子は誰とでも仲よくするが、道理の通らないことで意見を合わせたりはしない。小人は損得で仲よくするが、本当の友人関係を築けない。」

和と同を、調和と同調に置き換えて考えてみましょう。たとえば会議の場で意見を出し合う。自分の意見は少数意見なので、どうせ採用されないと思って発言しない。それはしてはいけません。多数派の意見の人は、たとえたった一人の人の意見でも、聴く耳をもたなければなりません。意見を言うべき時に、皆が発言する。そして意見を集約して結論を出す。これが調和です。一方、人の顔色を見て意見を変えたり、自分にとって有利になるような人と意見を合わせたりする。これは単なる同調です。

たとえ意見が異なっても、お互いを尊重し話し合えれば、友人関係は壊れません。下心があって同調していた関係は、損得が原因で壊れることになります。

子曰《しのたま》わく、黙《もく》して之《これ》を識《しる》し、学《まな》びて厭《いと》わず、人《ひと》を誨《おし》えて倦《う》まず。（述而《じゅつじ》篇）

先生がおっしゃった。
「学んで得たことを黙って心に刻んで忘れないようにし、広く学ぶことを苦労と思わない。そして人に教えることを厭わない。この三つ以外に何か私にあるだろうか。」

孔子は自分のことを何の迷いもなく言い放ちました。学問探求を一生続け、学べば学ぶほど探求心は深まり、学問が高遠になっていく。学ぶ気持ちは衰えを知らず尽きることがない。しかも教えることがやめられない。これ以外に私に何があるというのか。これが私だ、と。

自分の生き様をこれほどまでに的確に、自信を持って言える孔子が羨《うらや》ましく感じます。

孔子の実践力は多くの場面で見られますが、教育者としての実績は大きかったと思います。自分自身の仕官も望んだでしょうが、次世代を担う弟子たちの育成の方がまさっていたのでしょう。まさに教えて倦まずです。

4月10日

子曰《しのたま》わく、先進《せんしん》の礼楽《れいがく》に於《お》けるは、野人《やじん》なり。後進《こうしん》の礼楽《れいがく》に於《お》けるは、君子《くんし》なり。如《も》し之《これ》を用《もち》いば、則《すなわ》ち吾《われ》は先進《せんしん》に従《したが》わん。（先進篇《せんしんへん》）

先生がおっしゃった。
「周《しゅう》初めの先人たちの礼楽は、素朴で粗雑な感じがする。今の人の礼楽は形が整っていて綺麗《きれい》だ。私がどちらを用いるかと言えば、先人の礼楽に従いたいと思う。」

古いものと新しいもの、この両者は必ず存在します。どちらが優れているかは簡単には決められません。後進的なものも先人が築いたものがあるからこそ存在します。それぞれの良さを理解することが大事です。どちらにも価値があるからです。

礼楽とは礼節と音楽のことで、心の形を表したもので文化・教養と言えます。そこには先人の精神が宿っています。それは物質的発展とは異なる次元のものです。孔子は洗練されていなくても、素朴な先人の礼楽を理想としました。そこにはものごとの本質があるからだと思います。

子《し》曰《のたま》わく、回《かい》や其《そ》れ庶《ちか》からんか。屡々《しばしば》空《むな》し。賜《し》は命《めい》を受《う》けずして貨殖《かしょく》す。億《はか》れば則《すなわ》ち屡々《しばしば》中《あた》る。（先進篇）

先生がおっしゃった。
「回は理想に近いと言えるが、しばしば米櫃《こめびつ》が空《から》になることがある。賜は天命をそのまま受け入れることはしないが、自ら財を築いた。しかし考え方が道理に適《かな》っているので悪くはないが……。」

回は顔回のこと、賜は子貢のことです。孔子は二人の弟子を比べて話しました。顔回は学問に向かう姿勢も人格も既に君子に近い。しかし生活のことには全く無頓着で、米櫃が空になるほどの貧乏も気にしません。一方、子貢は独自の才能で財産を築いています。子貢が利に走り、身を修めることを疎《おろそ》かにしていたら、孔子は許さなかったはずです。しかし子貢も学問に励み優秀でした。そして孔子一門を経済的に支えていました。子貢のやり方に納得していないものの、「やれやれ、しょうがないなぁ」と孔子も半分諦めていた感じがします。顔回と子貢。優秀さの中に質の違いが見えるようです。

4月12日

子張《しちょう》、善人《ぜんにん》の道《みち》を問《と》う。子曰《しのたま》わく、迹《あと》を践《ふ》まず。亦室《またしつ》に入《い》らず。（先進篇）

子張が善人とはどういうものかと質問した。

先生がおっしゃった。

「善人が聖人の作った道を踏むことをしないのは、もったいないことだ。従って聖人の教えを学び、その奥義に入ることはできない。よき人物ではあるが、それ以上にはなれない。」


弟子の子張が善人について、孔子に質問しています。善人は生まれ持ったよき資質を持ち、学ぶことの重要性も理解しているが、それ以上に深まっていない人と言えるでしょう。

子張は孔子より四十八歳も若くて優秀な弟子です。もしかしたら善人ではだめなのか、と思ったのかもしれません。善人で満足することなく、さらにその上の人物があり、それを目指してほしいという、孔子の願いが込められているように感じます。

最晩年の孔子が二十代の若者に対してどのような気持ちで接していたのか想像しながら読むと、この章句も理解しやすくなります。

4月13日

子貢《しこう》問《と》いて曰《い》わく、郷人《きょうじん》皆之《みなこれ》を好《よ》みせば何如《いかん》。子《し》曰《のたま》わく、未《いま》だ可《か》ならざるなり。（子路篇）

子貢が「郷里の人が皆、善い人だと言うような人は、本当に善い人でしょうか。」と質問した。
先生がおっしゃった。
「そうとは言えない。人に好かれたいと思って、わざとそのような行動をとる人もいるから。」

頭脳明晰《めいせき》な子貢らしい質問です。誰に聞いても、いい人だと言われる人は本物の善人なのか。身近にそのような人物がいたのかもしれません。評判のいい人が本当にいい人とは限らないというのが孔子の答えです。

孔子の弟子たちは、やがてリーダーと言われる地位に就きます。必要な能力のひとつが人のことを正しく公平に観て評価できることです。評判がいいことを鵜呑《うの》みにはできません。孔子は先々のことを見通して答えたのでしょう。

4月14日

郷人《きょうじん》皆《みな》之《これ》を悪《にく》まば何如《いかん》。
子曰《しのたま》わく、
未《いま》だ可《か》ならざるなり。
郷人《きょうじん》の善者《よきもの》は之《これ》を好《よ》みし、
其《そ》の不善者《ふぜんなるもの》は之《これ》を悪《にく》むに
如《し》かざるなり。（子路篇）

「郷里の人が皆、悪い人だと言ったら、その人は本当に悪人なのでしょうか。」
先生がおっしゃった。
「必ずしもそうとは言えない。郷里中の善人から好かれ、悪人から憎まれる者には及ばない。」

前ページの章句の続きです。子貢と孔子の会話は話題が豊富で楽しめます。人の噂話や評判はいつの世も人の心を惑わせていたようです。善人という評判も悪人という評判も、参考にはなるけれど真実ではないということを忘れてはいけないです。

孔子の答えの面白いところは、本当の善人が、あの人はいい人だと言えば本物の善人だろう。本当の悪人が、あいつは悪だと言えば本物の悪人だろうという発想です。単なる評判よりも、本当の善人と悪人の方が、人を観る目が信頼できると言っています。

4月15日

子曰《しのたま》わく、已《や》んぬるかな、吾《われ》未《いま》だ能《よ》く其《そ》の過《あやま》ちを見《み》て、内《うち》に自《みずか》ら訟《せ》むる者《もの》を見《み》ざるなり。（公冶長篇）

先生がおっしゃった。
「ああ、なんとも仕方のないことだ。自分の過ちを認めて、自分を振り返る人を私は観たことがない。」

孔子の深い溜息《ためいき》が聞こえてきそうです。「已んぬるかな」は、強い嘆きを表す言葉です。

失敗や間違いは誰にでもありますが、その後に自らを省みる人がいないことを嘆いています。孔子の教えの根本は、自ら省みることです。人のことを言う前に、まず自分はどうだったかと振り返ることが大事です。上に立つ人ほど自分に厳しくなければなりません。しかし実際には地位を得ると、人に厳しくなる傾向があります。

そのような人物が多かったのでしょう。それが冒頭の溜息に繋がっています。反省できるのは謙虚だからです。どのような立場になっても謙虚さは大事にしたいです。

4月16日

子曰《しのたま》わく、其《そ》の之《これ》を言《い》いて怍《は》ぢざるは、則《すなわ》ち之《これ》を為《な》すや難《かた》し。（憲問篇《けんもんへん》）

先生がおっしゃった。
「大言壮語して恥ずかしいと思わない者は、自分の言葉通りに実行するのは難しい。」

自分の言葉には責任を持つことの大切さを言っています。これは誰にとっても大事なことですが、特に人の上に立つ人には重要事項です。孔子の言葉からは、当時は言葉を軽んじる人々が多かったことが想像できます。自分の弟子たちへの戒めとして述べたのでしょう。

自分が実行できるかどうかを真剣に考えずに言葉に出す、実行する意思もないのに発言する、このようなことは絶対にしてはいけません。上の者の言葉が乱れ始めると、組織全体が機能しなくなります。それはやがて国の在り方にも影響を及ぼすことになります。

誰もが自らを省みて、言葉を大事にできれば、そこはよい場所になると言えます。

4月17日

孔子《こうし》郷党《きょうとう》に於《お》いては、恂恂如《じゅんじゅんじょ》たり。言《い》うこと能《あた》わざる者《もの》に似《に》たり。其《そ》の宗廟朝廷《そうびょうちょうてい》に在《あ》るや、便便《べんべん》として言《い》う。唯《ただ》謹《つつし》めるのみ。（郷党篇《きょうとうへん》）

先生は郷里にいらっしゃる時には、穏やかな様子でまるで話すことが苦手のように見える。しかし宗廟での祭祀《さいし》の時や、政治を論ずる時にはすらすらと話された。ただ慎重さだけはいつも変わらなかった。

公と私の場面によって、孔子の様子が違っていたことがわかります。郷里では家族や知人に囲まれて寛《くつろ》いでいます。特に意見を述べるような必要もなく、朴訥《ぼくとつ》のように見えたのでしょう。孔子の心安らぐひとときです。

一旦《いったん》、公務になったら、まるで違う孔子の姿があります。先祖をお祭りしている宗廟では、てきぱきと役目を果たし、政治向きのことははきはきと論じる。しかしどんな時にも慎み深い態度であることでは一貫していました。

郷里で地元の一人の人間としてのんびりと過ごしている様子を想像すると、ホッとします。

4月18日

朝《ちょう》にして下大夫《かたいふ》と言《い》えば、侃侃如《かんかんじょ》たり。上大夫《じょうたいふ》と言《い》えば、誾誾如《ぎんぎんじょ》たり。君在《きみいま》せば、踧踖如《しゅくせきじょ》たり。与与如《よよじょ》たり。（郷党篇）

先生は朝廷で自分より下位の大夫と話される時には、和やかに打ち解けた様子で、上位の大夫と話される時には筋道を立てて慎重に話された。君がお出ましの時には慎み深い様子でありながら、そこには礼に適ったゆとりが感じられた。

公務の時の様子が具体的に描かれています。下位の者とは親しげに和やかに、上位の者とはきちんとした様子で話される。それぞれに言葉遣いも異なっていたはずです。

当然、君がお出ましになれば、緊張感の中で最高の礼を尽くしながらも、孔子にはゆとりがありました。常に礼を重んじる孔子の様子を傍にいた弟子は注意深く見ています。態度や立ち居振る舞いが整っているだけではなく、心のゆとりも感じ取れたということです。

孔子のように礼の本質を知り、余裕さえ感じられる自然な振る舞いができたら最高です。

子曰《しのたま》わく、之《これ》に語《つ》げて惰《おこた》らざる者《もの》は、其《そ》れ回《かい》なるか。（子罕《しかん》篇）

先生がおっしゃった。
「私が教えたことを常に怠らないで実行したのは、回ぐらいだろうか……。」

孔子が弟子の顔回を高く評価していたことがこの章句からも伝わってきます。『論語』には様々な弟子が登場します。皆、未熟さや欠点を指摘されていますが、唯一、顔回だけはそのような場面がありません。孔子は彼の行いに感服しています。期待されながら、若くして亡くなった彼に思いを馳《は》せていたのかもしれません。

孔子の教えを常に情熱をもって真剣に受け止めて、学問追求をし続ける顔回の姿勢を、他の弟子にも見習ってほしかったのでしょう。「回だけだなぁ……」という一言がせつなくもあります。よき人物によって自分を磨いてもらう、という理想の学びの形が感じられます。

子曰《しのたま》わく、君子《くんし》は言《げん》を以《も》って人《ひと》を挙《あ》げず。人《ひと》を以《も》って言《げん》を廃《はい》せず。（衛霊公篇）

先生がおっしゃった。
「君子は言葉だけで人を信用したり、登用することはない。また評判の悪い人だからと言って、その人の言葉まで否定はしない。」

これは理屈ではわかっていても、実際に実行するのは難しいように感じます。善言を言う人を信じたくなるのはありがちです。言葉が正しくても、その人物の本質も善とは限りません。反対によからぬ人物あるいはいつも対立している相手だからといって、その人物の言葉を否定したり、聞く耳を持たないというのもしてはいけないのです。

上に立つ者は、判断も取捨選択も公平で明快でなければなりません。そのためには人を観る目を養うことも大事でしょう。常に正しいものは何なのか、と考える習慣も身につけたいです。

季康子《きこうし》問《と》う、仲由《ちゅうゆう》は政《まつりごと》に従《したが》わしむべきか。子曰《しのたま》わく、由《ゆう》や果《か》なり。政《まつりごと》に従《したが》うに於《おい》てか何《なに》か有《あ》らん。（雍也《ようや》篇）

魯《ろ》の国の大夫・季康子が孔子にたずねた。

「子路は政治に当たらせることができるでしょうか。」

先生がおっしゃった。

「由は決断力があります。政治に当たることは十分にできます。」


季康子は孔子の弟子を順々に挙げて、政治において能力を発揮できるかを聴いています。仲由も由も子路のことで、由は子路が生まれた時につけられた名前です。

孔子の答えは簡潔です。たった一言で「由や果なり」と言いました。果敢・果断ということで、決断力や実行力に優れているという意味です。続けて他の弟子についてもたずねています。

4月22日

曰《い》わく、賜《し》や政《まつりごと》に従《したが》わしむべきか。曰《のたま》わく、賜《し》や達《たつ》なり。政《まつりごと》に従《したが》うに於《お》いて何《なに》か有《あ》らん。曰《い》わく、求《きゅう》や政《まつりごと》に従《したが》わしむべきか。曰《のたま》わく、求《きゅう》や芸《げい》なり。政《まつりごと》に従《したが》うに於《お》いて何《なに》か有《あ》らん。(雍也篇)

季康子が孔子にたずねました。

「賜は政治に当たらせることができるでしょうか。」

先生はおっしゃった。

「賜は物事の原理に明るいです。政治に当たるのに何か問題がありましょうか。」

季康子は続けてたずねた。

「それでは求はいかがでしょう」

先生はおっしゃった。

「求は才能豊かです。政治に当たるのに何か問題がありましょうか。」


季康子が次々に弟子の人物評を孔子に求めています。子路に続いて、賜と求についてたずねています。

賜は子貢のことです。頭脳明晰で理論派。道義を弁《わきま》えている。求は冉有《ぜんゆう》のことです。必須の教養を備えている。政治に関われば、それぞれ能力を存分に発揮できると孔子は答えています。

季康子は孔子の弟子を採用していますが、そのためにそれぞれの能力を確かめたかったのでしょうか。優秀な人材に現場で能力を発揮させることも上の者の務めであることを、孔子は季康子に気づいてほしかったように感じます。

棘子成《きょくしせい》曰《い》わく、君子《くんし》は質《しつ》のみ。何《なん》ぞ文《ぶん》を以《も》って為《な》さん。子貢《しこう》曰《い》わく、惜《お》しいかな、夫子《ふうし》の君子《くんし》を説《と》くや、駟《し》も舌《した》に及《およ》ばず。（顔淵篇《がんえんへん》）

衛《えい》の国の大夫・棘子成が言った。

「君子は内面の本質さえ充実していればいいのだ。無理に身を飾る必要はない。」

これを聞いた子貢が言った。

「これはなんと残念なことでしょう、あなたの君子論は。四頭立ての馬車で追いかけても舌には及ばないという諺《ことわざ》がありますが、あなたの放った失言は取り消せません。」

孔子の求める君子像は中身の充実が、外にも滲《にじ》み出てきて、初めてバランスのよい君子になれるというものです。中身さえ本物であれば、外側は関係ないと言った棘子成の言葉を看過できなかった子貢は、ここで聡明《そうめい》さを発揮しました。「駟も舌に及ばず」と即座に言い、棘子成の言葉を失言と言いました。

君子は外側も大事なのです。外側とは立ち居振る舞い、言葉遣いなど内面を表すもの全てです。威厳や品格がじんわりと滲み出てこそ本物の君子と言えるのです。

子貢の言葉は、次ページへと続きます。

4月24日

文《ぶん》は猶《なお》質《しつ》のごときなり。質《しつ》は猶《なお》文《ぶん》のごときなり。虎豹《こひょう》の鞟《かく》は、猶《なお》犬羊《けんよう》の鞟《かく》のごとし。（顔淵篇）

子貢の言葉の続き。
「文と質は一体で、文から去ったら質はなく、質から去ったら文はありません。質のみでは君子と小人の区別がつきません。それはちょうど虎や豹の毛並みを取り除いた皮だけでは、犬や羊の毛を取り除いた皮と区別がつかないのと同じです。」

子貢の本領発揮と言える言葉です。質は内面、文は外側。文と質がバランスよく、ぴったりと一致しているのが理想の君子像です。孔子の言葉を踏まえていますが、獣の皮を例に出したところは子貢独特の表現です。

質と文、どちらが大事かと言ったら質です。しかし君子は人の上に立つ人物です。周りから注目されています。発する言葉もちょっとした行動にも慎重さと品格が無くてはいけません。孔子の求める理想像は君子だけではなく、誰にとっても学びたい姿です。

子曰《しのたま》わく、伯夷《はくい》・叔斉《しゅくせい》は、旧悪《きゅうあく》を念《おも》わず。怨《うら》み是《ここ》を用《もっ》て希《まれ》なり。（公冶長篇）

先生がおっしゃった。
「伯夷と叔斉は清廉潔白な性格で不正は憎んだが、人を憎んで根に持つことをしなかった。だから人を恨んだり、恨まれることがなかった。」

伯夷・叔斉は殷《いん》末の小国の王子兄弟です。伯夷は長男、叔斉は三男です。お互いに王位を譲り合って国を出ましたが、お仕えすべき君子に巡り合えずに、首陽山《しゅようざん》の山中で餓死したと言われています。非常に潔白で正義の人として名を遺した兄弟です。孔子も高く評価しています。

ものごとの是非や善悪に対して潔白過ぎると不正や間違いを憎むあまり、人に対しても厳しくなり、許せない感情に支配されがちですが、この兄弟は人を責めることをせずに、自分たちの意志を通したので、恨んだり恨まれたりせず、非難もされず名を残しました。

なかなかできない生き方だからこそ、人はあこがれも含めて語り継ぐのでしょう。

4月26日

子《し》曰《のたま》わく、詐《いつわり》を逆《むか》えず、不信《ふしん》を億《おもんぱか》らず。抑《そもそも》亦《また》先《ま》づ覚《さと》る者《もの》は、是《こ》れ賢《けん》か。（憲問篇）

先生がおっしゃった。
「人が自分を騙すのではないかと先回りして考えるようなことはしない。人が自分を疑っているのではないかという心配もしない。自然体で素直に人の話を受け入れながら、相手の心が感じ取れる人は、それこそ本物の賢人と言える。」

人の心の内を想像したり、疑い出したら切りがありません。何でも先回りして考えていたら疲れてしまいます。取り越し苦労も疑心暗鬼も、穏やかな心を奪います。自然体で必要以上の心配や気遣いをする必要はありません。

しかし人の心に無頓着なのもよくありません。情緒や情愛、人情の機微などは鈍感な人には響きません。そうなってはいけないですね。心は穏やかに澄んでいる、そうするといろいろなものが見えてきて、聞こえてくるはずです。

4月27日

子曰《しのたま》わく、君子《くんし》道《みち》を謀《はか》りて食《しょく》を謀《はか》らず。耕《たがや》すや、餒《うえ》其《そ》の中《うち》に在《あ》り。（衛霊公篇）

先生がおっしゃった。
「君子はどのようにして道を求めようかと苦心するが、どうしたら食を得られるかは考えない。たとえ農業に従事しても、必ずしも食を得られるわけではないからである。」

君子は道を求めるのであり、食を求めるわけではないと初めに言い切っています。君子は民が安寧に暮らせるようにすることが使命であり、そのために学問修養します。それを疎かにして他にするべきことはありません。

食は食物ですが、俸禄《ほうろく》と捉えるとわかりやすいです。一生懸命に作物を育てても収穫にまで至らないことがあります。結果が不確かです。それに対して学問は努力しただけ深まります。そして身についた学識、教養を社会で活かすことができます。それが君子の仕事です。報酬のために行動するのではないことを説いています。孔子の言葉は次ページと続きます。

4月28日

学《まな》ぶや、禄《ろく》其《そ》の中《うち》に在《あ》り。君子《くんし》は道《みち》を憂《うれ》えて貧《まず》しきを憂《うれ》えず。（衛霊公篇）

孔子の言葉の続き

「学問の道を求め続ければ、道は必ずひらけていく。そうすれば自ずから俸禄も得られるようになる。だから君子は道を得られないことを憂えても、俸禄を得られないことは心配しないのだ。」

君子は道を究めて、自己修養することに意義を見出し、道を得られるまで継続できる人物ということになります。これはかなり厳しい道のりで、強い覚悟がないとできそうもありません。

少し単純化して考えてみましょう。農業の人は田畑を耕し、商人はものを売り買いする。そして収入を得る。それが基本です。では君子の基本はというと学ぶことです。学ばなければ、人のため国のために能力を活かせません。活かしてこそ報酬を得られます。そのために自己修養するしかありません。先に報酬ありきでは順番が違います。道を学ぶことの苦しさを嘆いても、貧しいことを嘆かないということです。

4月29日

子貢《しこう》問《と》う、師《し》と商《しょう》とは孰《いず》れか賢《まさ》れる。子曰《しのたま》わく、師《し》や過《す》ぎたり。商《しょう》や及《およ》ばず。（先進篇）

子貢が先生に質問した。
「師と商はどちらが優秀ですか。」
先生がおっしゃった。
「師は過ぎている。商は及ばないな。」

弟子の子貢が孔子に質問しています。若い弟子二人の名を出して孔子に比べさせています。いかにも人物評が好きな子貢らしい質問です。師とは4月12日の頃にも登場した子張のことで孔子との年の差は四十八歳です。商は子夏《しか》のことで孔子との年の差は四十四歳です。この年の差から、孔子最晩年の若い弟子たちです。

孔子の答えはシンプルです。子張はやり過ぎで、子夏は足りないということです。子張は優秀ですが慎重さや情に欠けるところがあったようです。一方の子夏は引っ込み思案で生真面目だったようです。

子貢は先生の答えを聞いて、さらに質問を重ねます。

曰《い》わく、然《しか》らば則《すなわ》ち師《し》は愈《まさ》れるか。子曰《しのたま》わく、過《す》ぎたるは猶《なおおよ》及ばざるがごとし。（先進篇）

子貢が重ねてたずねた。
「それでは師の方がまさっているということですか。」
先生がおっしゃった。
「過ぎたるは猶及ばざるがごとしで、どちらも中庸《ちゅうよう》を得ていないということだ。」

有名な慣用表現「過ぎたるは猶《なお》及ばざるがごとし」はこの章句が出典です。やり過ぎもやり足りないのもどちらもよくないということです。

子貢はやり過ぎの方がいいと思ったのでしょう。自ら念を押すような聞き方をしています。確かに本来やるべきことよりも先まで進んでいる方がいいように思いますが、孔子はあくまでも中庸を理想としています。

中庸とは偏りがない、過不足がない、常に変わらない、調和が取れていることを表します。意識しないとこのような状態を保つのは難しそうですが、心がけていれば徐々に理想に近づいていけそうです。バランス感覚を持つことも大事です。

五月

5月1日

子《し》曰《のたま》わく、賢《けん》を見《み》ては、斉《ひと》しからんことを思《おも》い、不賢《ふけん》を見《み》ては内《うち》に自《みずか》ら省《かえりみ》るなり。（里仁《りじん》篇）

先生がおっしゃった。
「優れた人物を見ては、自分もこのような人になりたいと思い、つまらない人を見ては、自分もこのようではないかと省みる。」

自らを省みることを孔子は重要視しています。そのためには人から学ぶことが大事です。よいお手本にも悪いお手本にもまず自分で気づかないと何も改善されません。

憧れの人、自分が目指す道で既に成果を出している人、尊敬する先輩、議論できる仲間等、よき人に親しんで見習うべき点をたくさん吸収できたら素晴らしいことです。そしてよからぬ人物に出会った時には、他人事と思わずに自分に重ねてみましょう。自分も同じことをしていたのではないか。あるいはこれからしないように気をつけることもできます。理屈ではなく、目の前のお手本をしっかり見極めましょう。

子曰《しのたま》わく、人《ひと》にして遠《とお》き慮《おもんぱか》り無《な》ければ、必《かなら》ず近《ちか》き憂《うれ》い有《あ》り。（衛霊公篇《えいれいこうへん》）

先生がおっしゃった。
「目先のことだけに捉われて、遠い将来のことにまで思いを巡らさなければ、必ず身近なところから禍《わざわい》が起こるものだ。」

遠き慮りは行く先を遠くまで見通す思慮という意味です。見通しという一言に置き換えられます。たとえば小学生ができる見通しと中高生の見通しは当然異なります。年齢や経験を重ねると、より遠くを、より多くを見通せるようになります。また個人だけではなく、むしろ集団をまとめる時に必要になります。部活動から企業に至るまで、組織の長になれば自分の見通しよりも、部下に見通しを持たせることが大事な仕事になります。現代は気象や世界の情勢も複雑で厳しい変化をします。こんな時だからこそ、一層慎重に迅速に見通すことを心がけたいものです。

※遠慮という熟語はこの章句が出典。自分はよく考えてから実行したいので、皆さんお先にいらして下さいという意味から、譲るや辞退するという、現在使われている意味になったと考えられる。

子《し》曰《のたま》わく、知者《ちしゃ》は惑《まど》わず、仁者《じんしゃ》は憂《うれ》えず、勇者《ゆうしゃ》は懼《おそ》れず。（子罕篇《しかんへん》）

先生がおっしゃった。
「知者は道理に明らかなので迷うことがない。仁者は私利私欲がなく、穏やかな心でいられるので、心配することがない。勇者は強い心があり、果断であるので恐れがない。」

知、仁、勇は君子に必要な三つの徳だと言われています。その三つをそれぞれ説明しています。知者は道理を弁《わきま》えているので分別があり、自分の言動に自信があります。仁者は自分がどのような状況でも、常に仁から離れないので、心が落ち着いていて穏やかです。必要のない心配はしません。勇者は決断力や実行力に優れています。正しいものを選択する力があるので、恐れません。

それぞれに特徴がありますが、私利私欲がなく、自分の行いには責任を持っている点が共通です。三つは別々のものではなく、つながっています。どこの入口からでも入ってみれば、やがて君子に近づいていけるでしょう。

子《し》、四《し》を以《も》って教《おし》う。文《ぶん》・行《こう》・忠《ちゅう》・信《しん》。（述而《じゅつじ》篇）

先生は四つのことを大事なこととして教育された。それは学問、実践、誠実さと信頼である。

たった四文字で重要な教育目標を表しています。文は学問です。道理、礼や詩なども含みます。行は行いです。学んで身につけたことは、人のために活かさなければ意味がありません。能力を発揮しなければ、単なる物知りで終わってしまいます。

文と行は切り離せませんが、さらに忠と信を加えました。忠は自分の誠を尽くすことです。真心を表します。信は偽りを言わないという意味で誠実さを表します。言葉に嘘がないので信頼されます。

文、行、忠、信。お子さんたちは呪文《じゅもん》のようにリズムよく大きな声で読んでいます。よき言葉には哲学が含まれています。音で体に入った哲学がやがて熟成されると、本物の活学になっていくのだと思います。

子曰《しのたま》わく、其《そ》の以《な》す所《ところ》を視《み》、其《そ》の由《よ》る所《ところ》を観《み》、其《そ》の安《やす》んずる所《ところ》を察《さっ》すれば、人《ひと》焉《いず》んぞ廋《かく》さんや、人《ひと》焉《いず》んぞ廋《かく》さんや。（為政《いせい》篇）

先生がおっしゃった。
「人のすることを注意深く視る。さらにその行動の原因や動機を観る。そしてその人が満足しているかどうかをよく検討してみれば、その人の本質をどうして隠せるだろうか。どうして隠せるだろうか。」

※見る……目に入ってくるものをみる。
視る……見ようと思ってみる。（意志がある） 例：凝視、注視
観る……つぶさにみる。詳しくみる。
察す……見えないものをみる。例：気持ちを察する、雰囲気を察する。

人物を見る時の三つの視点です。その人がどんな行動をとるのかを注意深く視る。次にその行動の根拠や動機を見定める。これは難しいです。たとえばそこに善意があるのか悪意があるのか。見えない部分です。その動機がわかれば、その人の心の内が見えるかもしれません。満足しているのか後悔しているのか。

このように三つの視点から観察すると、その人の本質が見えてくる。隠しようがないと孔子は言いました。どのような立場でも、人を見極める目は大事です。そしてもう一つ忘れてはいけないのは、自分も人からこのように視られているという意識を持つことです。

5月6日

子《し》曰《のたま》わく、君子《くんし》は上達《じょうたつ》し、小人《しょうじん》は下達《かたつ》す。（憲問《けんもん》篇）

先生がおっしゃった。
「君子はより高いものを目指して修養するので、向上するが、小人は反対に私欲に負けて程度の低いものを求めてしまうので、下がっていく。」

上達は日常私たちも使っている言葉です。うまくなる、上手になるという意味ですが、この章句の上達はもう少し深い意味があります。

目指すものがあると、人は目線が上向きになります。努力していると中身が充実し、それが成果として表れます。上達を実感できる時です。でもひたすらに努力していても、目に見える成果が得られないこともあります。その状態は上達ではないのでしょうか。たとえ進歩が見えなくても、今の自分に満足することなく、前進している人は上を向いているので上達と言えるのです。心の向きが反対に下を向いている人は下達なのです。心の向きひとつで君子と小人に分かれてしまうのです。

5月7日

子曰《しのたま》わく、道《みち》に聴《き》きて塗《みち》に説《と》くは、徳《とく》を之《これ》棄《す》つるなり。（陽貨《ようか》篇）

先生がおっしゃった。
「道で聞き知ったことを、自分の考えであるかのように、別の路上で会った人に述べて、忘れてしまっては何も身につかず、徳を捨ててしまうようなものだ。」

せっかく得たものも自分で学び、繰り返し考えを巡らせないと、本当に理解したことにはなりません。自分が十分理解し納得したら、人に話しても大丈夫ということでしょう。聞きかじっただけで、まだよく理解していないことを、まるで自分が学んで得たもののように話してしまったら、自分には何も残りません。もしかしたら今までに身につけていた徳までも手放してしまったかもしれません。なんともったいないことでしょう。自分の体をすり抜けてしまったことになります。

人の噂話や評判を鵜《う》呑《の》みにして語っていた人が当時もいたことが想像できます。私たちの戒めにもしたいですね。

※道聴塗説《どうちょうとせつ》はこの章句が出典の四字熟語。知識などの理解がいい加減で自分のものになっていないこと。

5月8日

子曰《しのたま》わく、徳《とく》の修《おさ》まらざる、学《がく》の講《こう》せざる、義《ぎ》を聞《き》きて徙《うつ》る能《あた》わざる、不善《ふぜん》の改《あらた》むる能《あた》わざる、是《こ》れ吾《わ》が憂《うれ》いなり。（述而篇）

先生がおっしゃった。
「徳が身につかないこと、学問が深まらないこと、正しいことを聴いても、それを実行できないこと、よくないこととわかっていても改められないこと。この四つのことが私の心配事である。」

この四つは孔子だからこその悩みと言えます。ふつうはこれほどまでに思い詰めて自分を戒めることはできません。

徳は人が持つ最も大事なものだと、祖父は言っていました。その徳が身につかないことを、孔子は最初に挙げました。自己修養は一生をかけて行うべきものだということがわかります。

本来やるべきこと、正しいことがわかっていながら、ふと私心が浮かぶことがあります。そんな気持ちを打ち消せないと孔子は嘆いています。孔子のように強い意志は持てなくても、自分を省みながら、ひとつずつ取り組んでいければいいのだと思います。

子張《しちょう》、禄《ろく》を干《もと》めんことを学《まな》ぶ。
子《し》曰《のたま》わく、
多《おお》くを聞《き》きて疑《うたが》わしきを闕《か》き、
慎《つつし》みて其《そ》の餘《あま》りを言《い》えば、
則《すなわ》ち尤《とがめ》寡《すく》なし。(為政篇)

子張が先生に質問した。
「どうしたら就職できますか。」
先生がおっしゃった。
「多くのことを聞いて、その中の疑わしいものを取り除き、残ったものを慎重に言葉にすれば、人から咎《とが》められることはないだろう。」

二千五百年前も就職の悩みを相談する若者がいたことに親近感が感じられます。まだ二十代の若者にゆっくりと丁寧に話している孔子の姿を想像すると、このやり取りの情景が目に浮かび、より一層、味わえるようになります。

就職を焦る子張に、まず見聞を広めることを話します。多くのことを聞いて、その中の確信を持てるものだけを言葉にすれば安全だ、いいかじっくり聞き分けろ。こんな感じでしょうか。

元々優秀な子張は仕官の口などすぐに得られると思っていたのでしょう。その心情を孔子は察しています。その上でのアドバイスの言葉です。

5月10日

多《おお》く見《み》て殆《あやう》きを闕《か》き、慎《つつし》みて其《そ》の餘《あま》りを行《おこな》えば、則《すなわ》ち悔寡《くいすく》なし。言《ことば》に尤寡《とがめすく》なく行《おこない》に悔寡《くいすく》なければ、禄《ろく》は其《そ》の中《うち》に在《あ》り。（為政篇）

先生の言葉の続き
「多くのことを見て、その中の危ういことを取り除き、その残りを行えば、後悔することもないだろう。言葉に咎めがなく、言葉に悔いが無ければ、就職口は自然にやってくるだろう。」

多くのことをしっかり見なさい。その中でこれは危ういと感じたことからは遠ざかり、自信を持って大丈夫だと思うことをやりなさい。そうすれば後悔することもないだろう。そうやっているうちに仕官の口などやってくるさ。孔子は実に丁寧に諭すように話しています。

才に走り過ぎる傾向のある子張に、孔子は見聞を広めて人の人情や情緒を感じられるようになってほしかったのではないかと思います。実社会に出たら、学識や能力よりもむしろ人の気持ちを察する力や信頼される行いが大事になります。若い弟子を思う孔子の気持ちが表れています。

5月11日

子曰《しのたま》わく、勇《ゆう》を好《この》みて貧《まずしき》を疾《にく》めば乱《らん》す。人《ひと》にして不仁《ふじん》なる、之《これ》を疾《にく》むこと已甚《はなはだ》しければ乱《らん》す。（泰伯篇《たいはくへん》）

先生がおっしゃった。
「勇気を好み、貧しいことを憎む人は、そこから抜け出すために乱暴なことをする。また不仁者を憎むことが甚だしくなると、その相手の不仁者が反乱を起こすことになる。」

孔子は常にバランスのよさ、中庸を良しとしています。極端を嫌うとも言えます。勇は決断力や実行力を表します。力ずくで何かを解決することではありません。でも勇を好む気持ちが強すぎると、反動があります。貧しい環境に我慢ができなくなり、そこから抜け出すために無謀なことをしてしまいます。

正義感が強いことは好ましいですが、不正や不道徳を憎む気持ちが度を越すと、その相手が反発して乱暴なことをするようになってしまいます。

どんなよい気質も思い詰めたり、相手を追い詰めては、思わぬ災難を招くことになります。感情のコントロールも大事です。

5月12日

子《し》、斉衰者《しさいしゃ》と、冕衣裳者《べんいしょうしゃ》と、瞽者《こしゃ》とを見《み》る。之《これ》を見《み》れば少《わか》しと雖《いえど》も必《かなら》ず作《た》つ。之《これ》を過《す》ぐれば必《かなら》ず走《はし》る。（子罕篇）

先生は喪服の人や礼服の人、そして目の不自由な楽団の関係者と出会った時には、相手が年下であっても、必ず席から立ち、またこのような人たちの前を通り過ぎる時には必ず小走りに過ぎ、敬意を表された。

礼を重んじる孔子の姿が描写されています。喪服を着ている人、礼服を着ている人、音楽に関わっている人と出会った時に、敬意を持って、丁寧な態度をとっていたことがわかります。特に音楽に関わる人物は目の不自由は人が多かったと言われています。そのような人に敬意はもちろん情愛も込めて接していていたと想像できます。このような孔子の態度そのものが、弟子たちの心に強く印象に残り、実践を促したのではないかと思います。

礼は人が守るべき規範ですが、人間関係が円滑になるような心遣いでもあります。相手を尊重する気持ちがあって、初めてできる行動です。形だけが整った礼になってはいけないです。

5月13日

子曰《しのたま》わく、後生《こうせい》畏《おそ》るべし。焉《いずく》んぞ来者《らいしゃ》の今《いま》に如《し》かざるを知《し》らんや。

（子罕篇）

先生がおっしゃった。

「私よりも後に生まれた青年たちは、畏敬《いけい》すべき存在だ。もしこれらの若者が努力を重ねたら、将来の彼らが私を越えないとどうして言えるだろうか。」

後輩に対して期待を込めて言った言葉です。これから十分に修養を積むことができる若者たちには、どれだけの成長が期待できるか。孔子は彼らの成長ぶりを想像したのかもしれません。孔子が後輩たちに望む成長は、学問はもちろんですが、人としての内面の豊かさや深みです。発展途上にある彼らが、徳のある人物になれるのかが肝心なのです。もしそれを叶えられたら、私を越えていくことができないはずがないと、孔子は言っています。

5月14日

四十《しじゅう》五十《ごじゅう》にして聞《きこ》ゆること無《な》くんば、斯《こ》れ亦《また》畏《おそ》るるに足《た》らざるのみ。（子罕篇）

先生の言葉の続き
「学びが不十分で四十歳、五十歳になっても名声が聞こえてこないようでは、恐れるに足りない。」

前途洋々の若者には大いに期待するが、四十歳、五十歳になっても名が聞こえてこないようでは大したことはない、と言っています。随分厳しいようですが、自己修養を継続し、その結果有徳の人物として評価されることを指しています。

孔子の言葉に「四十にして惑わず、五十にして天命を知る」とあります（3月3日、4日の項参照）。物事の道理を弁えて分別がつき、自分の往くべき道を自覚できる年齢が四十歳、五十歳なのです。そのくらいの年齢になったら、滲《にじ》み出る品格や教養が身につき、人格形成も充実期に入っていることが、求められるということでしょう。

顔淵《がんえん》喟然《きぜん》として歎《たん》じて曰《い》わく、之《これ》を仰《あお》げば弥高《いよいよたか》く、之《これ》を鑚《き》れば弥堅《いよいよかた》し。之《これ》を瞻《み》れば前《まえ》に在《あ》り、忽焉《こつえん》として後《しりえ》に在《あ》り。夫子《ふうし》循循然《じゅんじゅんぜん》として善《よ》く人《ひと》を誘《いざな》う。(子罕篇)

顔淵が溜息《ためいき》をつきながら言った。
「先生は仰げば仰ぐほど高く、切り込むほどに堅い。前にいらしたかと思えば、たちまち後ろにいらっしゃる。先生は丁寧に順序立てて私を導いて下さる。」

この章句は弟子の顔回(顔淵)が尊敬する孔子の姿を描いた名文と言われています。単に賛美しているだけではなく、孔子の教育者としての姿を存分に伝えています。仰いでも高すぎてその全貌《ぜんぼう》が見えない。先生の学問や人格は堅固で揺るがない。先生の姿をこのように表現できるのは顔淵だからです。孔子が学問修養の姿勢を褒めた唯一の弟子である顔淵はさすがです。高遠で深い孔子の姿がはっきりと見えているのです。これほどまでに理解している弟子は他にはいません。孔子を讃《たた》えることで顔淵の優秀さも光ります。それは孔子が順序立てて導いてくれるという表現にも感じられます。

我《われ》を博《ひろ》むるに文《ぶん》を以《も》ってし、我《われ》を約《やく》するに礼《れい》を以《も》ってす。罷《や》まんと欲《ほっ》すれども能《あた》わず、既《すで》に吾《わ》が才《さい》を竭《つく》せり。立《た》つ所《ところ》有《あ》りて卓爾《たくじ》たるが如《ごと》し。之《これ》に従《したが》わんと欲《ほっ》すと雖《いえど》も、由《よし》末《な》きのみ。

（子罕篇）

顔淵の言葉の続き

「先生は私の知識を博めるために学問を以ってし、学んだことを行う時には礼を以ってされる。このように先生の導き方が素晴らしいので、私は学ぶことをやめたいと思ってもやめられない。自分でも気づかぬうちに、自分の全力を出し尽くし、何かを得たように感じるが、実は先生はさらに遥《はる》か高いところにいらっしゃる。追いつきたいと思ってもとても追いつけない。」

孔子の教える学問は単なる知識ではなく、詩や書、礼楽をも含んでいます。孔子自身が古典から多くを得た経験を踏まえて、先人に学ぶことを大事にしています。そしてそれは実践することで初めて活かされることを徹底的に教えています。

顔淵は孔子の求めるものをはっきりと意識し、教えの神髄を掴《つか》んでいます。だからこそ孔子の偉大さに気づき、どうやっても追いつけないと溜息が出てしまうのでしょう。

これほどまでにお互いを深く理解し、認め合える師弟関係を羨《うらや》ましいと感じます。

子路《しろ》君《きみ》に事《つか》うることを問《と》う。子《し》曰《のたま》わく、欺《あざむ》くこと勿《なか》れ。而《しか》して之《これ》を犯《おか》せ。（憲問篇）

子路が君主に仕える心得を質問した。
先生がおっしゃった。
「誠心誠意、誠を以ってお仕えしなさい。けっして欺くことがあってはいけない。もし君に過ちがあった時には諫《いさ》める誠がなくてはならぬ。」

弟子の子路は熱血漢で武勇の人です。年齢も孔子と九歳しか違いません。そんなベテランの子路が君主にどのように仕えたらいいかと質問しています。孔子の答えは実に簡潔で核心をついています。

孔子は強調しています。まず誠意をもってお仕えする。その上で、もし君主に間違っていることがあれば諫める。子路には具体的なことは言いません。誠を尽くすとは間違いを正す時にこそ必要です。直言できることが誠意です。上に立つ者には絶対に必要なのが、どんな時にも直言してくれる人が傍にいるということです。子路にはその役目を期待したのでしょう。

5月18日

子游《しゆう》武城《ぶじょう》の宰《さい》と為《な》る。
子《し》曰《のたま》わく、女人《なんじひと》を得《え》たるか。
曰《い》わく、澹台滅明《たんだいめつめい》なる者《もの》有《あ》り。
行《い》くに径《こみち》に由《よ》らず。
公事《こうじ》に非《あら》ざれば、未《いま》だ嘗《かつ》て偃《えん》の室《しつ》に
至《いた》らざるなり。（雍也《ようや》篇）

子游が武城の長官になった。

先生がおっしゃった。

「よき部下をみつけたか。」

子游が答えた。

「はい、澹台滅明という者がおります。清廉潔白で小径には絶対に行きません。公務の時以外は、私の部屋にも来ません。」


子游は孔子との年の差が四十五歳もある若い弟子です。魯《ろ》の国の武城で地方長官になりました。孔子の質問に子游は少し自慢げに答えています。

澹台滅明は優秀で清廉潔白。しかも職務に忠実。子游の言葉に孔子も安心し、しかも感服しました。組織にはよき人材が大事です。孔子の教えを守り、よき人材を相応《ふさわ》しい地位に置いたことを目の当たりにして嬉しかったと思います。孔子は以前より澹台滅明のことを知っていたのに、その人柄や有能さに気づかずにいた。その彼の能力を見極めて登用した子游に対して、特に感心する気持ちが強かったとも言われています。

5月19日

子武城《しぶじょう》に之《ゆ》きて弦歌《げんか》の声《こえ》を聞《き》く。夫子莞爾《ふうしかんじ》として笑《わら》いて曰《い》わく、鶏《にわとり》を割《さ》くに焉《いずく》んぞ牛刀《ぎゅうとう》を用《もち》いん。(陽貨篇)

先生が武城にいらした時に、街のあちらこちらから琴の音が聞こえ、音楽を楽しむ声が聞こえてきた。
先生がにっこりと笑いながらおっしゃった。
「鶏を料理するのに牛刀を使う必要はなかったようだ。もったいなかったな。」

子游が治める武城を訪ねた時に、優雅に琴の音が聞こえ、歌声も聞こえてきたので、孔子は大満足だったと思います。日頃より礼楽を以って国を治めることを説いていた孔子の教えを、現場で立派に実践している子游を褒めています。その思いが「鶏を割くにいずくんぞ牛刀を用いん」という言葉になりました。武城のような小さな領地を治めるには子游ではもったいなかった、もっと大きな領地でも治められたという意味です。

「鶏を割くにいずくんぞ牛刀を用いん」という慣用表現はこの章句が出典です。孔子はかなり感激していたと思われます。孔子の嬉しさが滲み出ています。

子游《しゆう》対《こた》えて曰《い》わく、昔者《むかし》偃《えん》や、諸《これ》を夫《ふう》子《し》に聞《き》けり。曰《のたま》わく、君子《くんし》道《みち》を学《まな》べば、則《すなわ》ち人《ひと》を愛《あい》し、小人《しょうじん》道《みち》を学《まな》べば、則《すなわ》ち使《つか》い易《やす》し。子《し》曰《のたま》わく、二三子《にさんし》よ、偃《えん》の言《げん》是《ぜ》なり。前言《ぜんげん》は之《これ》に戯《たわむ》れしのみ。（陽貨篇）

子游が答えて言った。

「昔、先生からこんなお話を伺いました。上に立つ君子が道を学べば、自然に民を愛するようになり、下の者が道を学べば、自然に従ってくれるようになると。」

先生はその言葉を受けて、おっしゃった。

「そうだね。偃（子游）の言った通りだ。先程の私の言葉は冗談に過ぎない。」


孔子が言った「鶏を割くにいずくんぞ牛刀を用いん」の意味を子游は取り違えています。そしてかつて学んだ孔子の教えを回想しています。孔子は子游が完璧に自分の教えの本質を理解していることを改めて痛感したに違いありません。子游が言葉の意味を取り違えていることには触れずに、彼の言い分を肯定したところに孔子の心情が感じられます。

子游が少し不満げな表情で、熱く語っている姿も目に浮かびます。年を重ねた孔子には精神的余裕があります。弟子の成長を密かに喜ぶところに味わいがあります。

5月21日

子曰《しのたま》わく、君子《くんし》は食《しょく》飽《あ》くを求《もと》むること無《な》く、居安《きょやす》きを求《もと》むること無《な》し、事《こと》に敏《びん》にして言《げん》に慎《つつし》み、有道《ゆうどう》に就《つ》きて正《ただ》す。学《がく》を好《この》むと謂《い》うべきのみ。（学而篇《がくじ》）

先生がおっしゃった。
「学問修養を目指す人は飽食を求めたり、安閑と暮らすことも求めてはいけない。ものごとには敏速に対応し、言葉を慎み、徳のある人物に親しみ、自分を正していけるような人物であるなら、本物の学問好きと言える。」

改めて理想の君子像を述べています。どんなに志を高く持って学問に励んでいても、緊張が途切れることもあります。楽な方へ流れることもあります。弟子の中には安易な考えに陥る者もあったかもしれません。あるいは学ぶことには熱心でもそれが実践に結びついていない者もいたでしょう。

孔子のこの言葉は、本来の学ぶ意義を明確にしてくれます。学んで終わりにしない、実践を心がける。これをできる人が本物の学問好きなのです。孔子の言葉は忘れかけていた本質を思い出させてくれます。「有道に就きて正す」は、よき人物の傍でよき影響を受けるということです。

5月22日

或《あ》るひと孔子《こうし》に謂《い》いて曰《い》わく、子《し》、奚《なん》ぞ政《まつりごと》を為《な》さざる。子曰《しのたま》わく、書《しょ》に云《い》う、孝《こう》なるかな、惟《こ》れ孝《こう》、兄弟《けいてい》に友《ゆう》に、有政《ゆうせい》に施《ほどこ》すと。是《こ》れ亦《また》政《まつりごと》を為《な》すなり。奚《なん》ぞ其《そ》れ政《まつりごと》を為《な》すことを為《な》さん。（為政篇）

ある人が言った。

「なぜあなたは直接政治に関わらないのか。」

先生がおっしゃった。

『書経』にこんな言葉がある。大切なことは孝であると。家庭の中で孝行し兄弟が仲睦《むつま》しくできると、それが政治にも及ぶと。家を斉《ととの》えることが政治なのだ。わざわざ政治家になる必要はない。」


孔子の教えはまず己の身を修めることから始まります。そして家を斉える。国が治まる。天下が平らかになる。いわゆる、修身、斉家《せいか》、治国《ちこく》、平天下《へいてんか》です。修身は自分自身のことですが、斉家は家庭・家族のことです。親は子に愛情を注ぎ、子は親に孝行する。兄弟姉妹は仲よくする。家庭内の当たり前のことが、実は政治の根本だと孔子は考えています。だからそこに尽力することが実は政治に繋がっているのだと。

『書経』という書物の言葉を引用した上で、政治家として国のかじ取りをすることだけが政治ではないと語りました。

季康子《きこうし》問《と》う、民《たみ》をして敬忠《けいちゅう》にして以《も》って勧《すす》ましむるには、之《これ》を如何《いか》にせん。（為政篇）

季康子が孔子にたずねた。
「どのようにすれば民が上の者に敬意を持ち、忠誠を尽くし、仕事に励んでくれるだろうか。」

季康子は魯の国の大夫です。孔子に政治向きの質問をすることがあります。この章句に限らず、どのようにしたら領地がうまく治まるか、これがいつもの悩みです。

孔子は助言をしますが、季康子の考え方の足りない点は自らを省みることです。民に対しては多くのことを望みます。しかし民が思うように動いてくれない理由が自分にあることには気づいていません。孔子は助言するたびに期待しますが、どうもうまくいっていないようです。

この章句の孔子のアドバイスも、次ページのように従来と同じく一貫しています。

5月24日

子曰《しのたま》わく、之《これ》に臨《のぞ》むに荘《そう》を以《も》ってすれば、則《すなわ》ち敬《けい》す。孝慈《こうじ》なれば則《すなわ》ち忠《ちゅう》あり。善《ぜん》を挙《あ》げて不能《ふのう》を教《おし》うれば則《すなわ》ち勧《すす》む。（為政篇）

先生がおっしゃった。

「上に立つ者が威厳のある態度で臨めば、民は敬意を払ってくれるでしょう。親に孝行し人を慈しむようにすれば、民は忠誠心を持つようになるでしょう。有徳の者を登用し、未熟な者は教え導けば、仕事に励んでくれるはずです。」


孔子はかなり具体的に述べていますが、全て季康子の態度についてです。何か重要な施策を授けたり、政治向きの話は全くしていません。上の者の考え方や態度で民の気持ちが大きく変わることを孔子は伝えたかったのです。

　荘は威厳や品格を表します。季康子が理解できていない部分です。また未熟な者を排除せずに教え導くことも大事なことです。孔子は国がよく治まるための心構えを話していますが、これはどのような集団にも組織にも当てはまる基本です。外に求めるのではなく、まず自分の言動を振り返ることを習慣にできたら素晴らしいです。

5月25日

克《こく》・伐《ばつ》・怨《えん》・欲《よく》行《おこな》われず、以《も》って仁《じん》と為《な》すべし。子《し》曰《のたま》わく、以《も》って難《かた》しと為《な》すべし。仁《じん》は則《すなわ》ち吾《われ》知《し》らざるなり。（憲問篇）

弟子の原憲《げんけん》が先生に質問した。
「他人に克《か》とうとする心、自分の功績を誇ろうとする心、人を憎む心、そして欲張り貪《むさぼ》りたいという心。これらを取り除いたら仁者と言えますか。」
先生がおっしゃった。
「それは難しいことだ。簡単にはできないと思うが、もしできたとしても、それで仁者と言えるかどうかは、私にはわからない。」

この四つの欲望は誰にでもあります。それを自分で制御できるかどうかで差がつきます。孔子の言うようにこれはかなり難しいことです。自分を律する強い意志がないとできません。

取り除くことがかなり難しいのに、それができたとしても仁者になれるかはわからないと言いました。いったい仁者とは何者なのでしょう。

よくないものを取り除いても、志を持っているのか、人に対する慮りはあるのか、礼節は守れるのかという人として大切なものを持ち、実行できるのか。ここが仁者の仁者たる所以《ゆえん》でしょう。

5月26日

子曰《しのたま》わく、群居終日《ぐんきょしゅうじつ》、言義《げんぎ》に及《およ》ばず、好《この》みて小慧《しょうけい》を行《おこな》う。難《かた》いかな。（衛霊公篇）

先生がおっしゃった。
「大勢の者が一日中集まっていながら話が道義に及ばず、小さなつまらぬことばかりを話題にしているようでは困ったものだ。」

言義に及ばずとは、現代でもありがちなことかもしれません。たくさんの人が集まり賑やかにしていても、建設的な議論ができなければ時間の無駄です。そのような状況に疑問を持たず、改善しようとする人がいないのは残念です。

ものごとの本質を見極めることも大事です。枝葉末節なことばかりに捉われていると、肝心なことが決定できないまま先に進むことになります。これではいくら時間をかけても、結論は出ません。道義、大義、正義があって、はじめてよい仕事もできます。まずは根本に力を注ぎたいものです。そしてよいリーダーの下で、よき仲間と議論できたら最高です。

子曰《しのたま》わく、躬自《みずか》ら厚《あつ》くして、薄《うす》く人《ひと》を責《せ》むれば、則《すなわ》ち怨《うらみ》に遠《とお》ざかる。（衛霊公篇）

先生がおっしゃった。
「自分に厳しくし、人を厳しく責めることなく寛大であれば、人を恨むことも人から恨まれることもなくなるだろう。」

孔子の言葉は、触れれば触れるほど当たり前のことしか言っていないと感じます。人はその当たり前のことができていないということです。自分を振り返ることよりも、人に文句を言ったり、できない言い訳を考えたりすることをしてしまっています。

人の話をきちんと聞く、人の気持ちを察する、自分の持ち物や道具は大事に使う、約束は守る、このような些細《ささい》なことを丁寧に重ねていくことが、他人に対する態度や自分の言葉遣いを変えていくことになります。何か大きな変革や規則を作るのではなく、一人一人の心の持ちようで変われれば、それは継続しやすいでしょう。

子貢《しこう》曰《い》わく、我人《われひと》の諸《これ》を我《われ》に加《くわ》うることを欲《ほっ》せざるや、吾《われ》も亦諸《またこれ》を人《ひと》に加《くわ》うること無《な》からんと欲《ほっ》す。子曰《しのたま》わく、賜《し》や爾《なんじ》の及《およ》ぶ所非《ところあら》ざるなり。

（公冶長《こうやちょう》篇）

子貢が言った。
「私は人から押しつけられて嫌だと思うことは、私も押しつけないようにしたいと思います。」
先生がおっしゃった。
「それは今のお前にはできそうもないことだなぁ。」

これは孔子と子貢の強い師弟関係があるからこその会話です。子貢は孔子に、一生大事にする価値のある一言をたずねている場面もあります。その時の孔子は「其れ恕《じょ》か。己の欲せざるところ、人に施すこと勿《なか》れ」と答えています。

子貢は頭脳明晰《めいせき》で言葉も巧みです。孔子は子貢の性格をよく承知しています。子貢も孔子が何を言わんとしていたかは十分理解した上で、自分は押しつけがましいことはしていないと孔子に伝えたかったのでしょう。

孔子の答えは素っ気ないようですが、優秀な子貢を相手に楽しんでいる感じすらします。

子《し》、公叔文子《こうしゅくぶんし》を公明賈《こうめいか》に問《と》う。曰《のたま》わく、信《まこと》なるか、夫子《ふうし》の言《い》わず、笑《わら》わず、取《と》らざること。（憲問篇）

先生が公叔文子の人柄について、公明賈にたずねられた。「本当ですか。あの方は言わない、笑わない、取らないという評判がありますが。」

公叔文子は衛の国の大夫です。孔子が噂で聞いた人柄を、同じく衛の国の公明賈に聞いています。信なるかの一言に「本当ですか？」という、聞きたくて仕方がないという気持ちが表れています。

笑わない、話さない、物を受け取らない。このような人柄だと誰かが噂したのでしょう。真偽を確かめています。孔子は大の人好きです。多くの人物から影響を受けて学んでいます。この章句にも孔子のそんな一面が見えます。

公明賈《こうめいか》対《こた》えて曰《い》わく、以《も》って告《つ》ぐる者《もの》の過《あやま》てるなり。夫子《ふうし》は時《とき》にして然《しか》る後《のち》に言《い》う。人《ひと》其《そ》の言《い》うことを厭《いと》わず。楽《たの》しみて然《しか》る後《のち》に笑《わら》う。人《ひと》其《そ》の笑《わら》うことを厭《いと》わず。義《ぎ》ありて然《しか》る後《のち》に取《と》る。人《ひと》其《そ》の取《と》ることを厭《いと》わず。子《し》曰《のたま》わく、其《そ》れ然《しか》り、豈《あに》其《そ》れ然《しか》らんや。

（憲問篇）

公明賈が言った。
「それは噂話をした者が間違っています。公叔文子も言ったり、笑ったり、受け取ったりします。ただ言うべき時に言うので目立ちません。楽しい時には笑います。それが当たり前なので、誰も気にしません。筋の通った贈り物は受け取ります。」
それを聞いた先生が「そうですね。その通りですね。」とおっしゃった。
本当にそれほどなのかと、半信半疑でもあった。

言うべき時に言うべきことを言うので、話している印象がない。それは、人の悪口などを言わないので無口だと思われているだけだと。楽しい時に大笑いしても不自然ではないので気にならない。当然正しい理由のあるものしか受け取らない。

このような人物です。全て筋の通っている行いで、上に立つ者の理想の姿です。当時には珍しく自己修養できた人ですが、孔子は最後に本当にそうなのかなと疑問を持ちました。最後の一文は解釈がわかれます。本当にその通りですねと肯定している解釈と、そうだろうかと半信半疑な解釈です。

5月31日

子《し》曰《のたま》わく、由《ゆう》、徳《とく》を知《し》る者《もの》は鮮《すくな》し。（衛霊公篇）

先生がおっしゃった。
「由よ、本当に徳を会得している人はほとんどいないなぁ。」

由は子路のことです。孔子が弟子の子路を相手に嘆いています。人として最も大事な徳を身につけている人がなんと少ないことかと。徳については「中庸の徳たるや至れるかな。鮮《すくな》きこと久し。」と言っている場面もあります。偏りのない、常に一定の徳を孔子は最高のものだと言います、しかしそれを身につけた人はいなくなって久しいと、ここでも嘆いてします。

徳は正しいことができる力と考えるとわかりやすいです。人の道を学問修養によって学び、実践できる力です。人々が社会で共生していくためには必須のものです。

孔子が深い溜息をつきながら話せるのは、古参の弟子・子路なのだと気づかされます。

六月

子曰《しのたま》わく
三人《さんにん》行《おこな》えば、必《かなら》ず我《わ》が師《し》有《あ》り。
其《そ》の善《ぜん》なる者《もの》を択《えら》びて之《これ》に従《したが》い、
其《そ》の善《ぜん》ならざる者《もの》にして之《これ》を改《あらた》む。
（述而《じゅつじ》篇）

先生がおっしゃった。
「三人が行動すれば、その中には必ず自分が学ぶべき師がいる。その中の善い人を選んでそれを見習い、善からぬ人を見ては、自分を省みて至らぬ点を改める。」

複数の人が行動を共にすると、その中には善い手本も悪い手本もあります。人は善い手本は見つけるのが上手です。自分もその人のようになりたいと思ったり、善い行いには共感するからです。

では悪い例を見た時にはどうでしょう。他人事として終わらせていないでしょうか。悪い例を見た時にこそ、自分も同じようなことをしていたのではないか。あるいはこれからの自分の行動の戒めにしようという意識を持つことが大事です。それができることが本当の自ら省みるということだと思います。

善い例も悪い例も見つけるのは自分です。日頃から自分で意識することから始まります。

6月2日

曽子《そうし》曰《い》わく、以《も》って六尺《りくせき》の孤《こ》を託《たく》すべく、以《も》って百里《ひゃくり》の命《めい》を寄《よ》すべく、大節《たいせつ》に臨《のぞ》みて奪《うば》うべからざるや、君子人《くんしじん》か、君子人《くんしじん》なり。(泰伯篇《たいはく》)

曽子が言った。
「まだ十代半ばで親のない子を預けられる人、また国政を任せられる人、国の危機に臨んで節を曲げることのない人、そういう人こそ君子人と言うのか、言うまでもなく君子である。」

曽子は孔子の教えを深く理解し実践した優秀な弟子のひとりです。この章句からも篤い志と強い意志を持っていたことが窺えます。

戦乱の世になりつつあった当時、孤児になった子供を安心して託せる人は簡単には見つけられなかったはずです。また地方の領地を治めることも難しかったでしょう。ましてや大きな国難に直面した時に、毅然として正義を通すことはかなり強い意志がなければできません。だからこそこれらのことを実行できる人物を君子だと言い切りました。つまり信頼に足る人物ということです。いつの世も求められるリーダー像の本質は変わりません。

6月3日

子曰《しのたま》わく、君子《くんし》、重《おも》からざれば則《すなわ》ち威《い》あらず。学《まな》べば則《すなわ》ち固《こ》ならず。（学而篇《がくじへん》）

先生がおっしゃった。

「君子は重厚でないと、威厳がなく侮られる。また頑固になりがちなので、学問によって道理を知り、人の道を弁《わきま》えれば頑《かたく》なにはならない。」

上に立つ者には重厚感が必要です。どっしりと構えているとまわりの人に安心感を与えます。そして内面から滲《にじ》み出る品格があると人々は敬意を示すようになります。

立場が上になればなるほど学び続けることは必要です。上に立つ者は孤独になりがちです。自分の今までの経験に頼りたくなります。そうならないために学ぶことが大事なのです。学べばものごとの見方が変わるかもしれません。下の者に意見を聞く機会を得るかもしれません。何よりも独善を防げるようになります。

6月4日

忠信《ちゅうしん》を主《しゅ》とし、己《おのれ》に如《し》かざる者《もの》を友《とも》とすること無《な》かれ。過《あやまち》ては則《すなわ》ち改《あらため》むるに憚《はばか》ること勿《なか》れ。（学而篇）

孔子の言葉の続き
「忠信を誠して、安易に徳の劣った者とつき合ってはいけない。過ちに気づいたら、改めるのに遠慮はいらない。」

忠は己の誠を尽くすことです。信は言葉に偽りのないことを表します。忠信は真心と誠実さと置き換えてみるとわかりやすいです。

己に如かざる者とは志を持たない、人として共に道を踏むことのできない人物のことです。単に自分より能力が劣っていたり、地位が低かったり、若い人のことを言っているわけではありません。切磋琢磨《せっさたくま》できる人とつき合うことが望ましいのです。

過ちは誰にでもありますが、その後が肝心です。速やかに改められることが必要ですが素直さや謙虚さのあるなしで差が生じます。

孔子の教えは君子のみならず、私たち皆が目指したい姿です。

6月5日

子夏《しか》曰《い》わく、君子《くんし》に三変《さんぺん》有《あ》り。之《これ》を望《のぞ》めば儼然《げんぜん》たり。之《これ》に即《つ》けば温《おん》なり。其《そ》の言《げん》を聴《き》けば厲《はげ》し。（子張《しちょう》篇）

子夏が言った。
「君子には人に与える印象に三つの変化がある。遠くから望み見ると威厳がある。近づいてみると温和で親しみやすさがある。ひとたび言葉を発すると厳然としていて犯しがたい厳しさがある。」

子夏は孔子より四十四歳も若い弟子です。この言葉は孔子を指していると言われています。

遠くから見ていても威厳が感じられるのは、既にかなりの人物であることがわかります。ただ立っているだけで自然に滲み出るものがあるからです。でもその威厳も人を威圧するようなものではなく、近づいた時には温かさが感じられると言います。表情も柔和で包容力を感じられます。最後に語っているのは厳しさです。これは人に対してではなく、自分に対して厳しいということです。

子夏が孔子を敬愛する気持ちが伝わってくる章句です。

6月6日

冉求《ぜんきゅう》曰《い》わく、子《し》の道《みち》を説《よろこ》ばざるに非《あら》ず。力《ちから》足《た》らざればなり。子曰《しのたま》わく、力《ちから》足《た》らざる者《もの》は中道《ちゅうどう》にして廃《はい》す。今《いま》、女《なんじ》は画《かぎ》れり。（雍也《ようや》篇）

冉求が言った。

「先生の説かれる道を喜ばないわけではありませんが、私には力が足りないのでついていけません。」

先生がおっしゃった。

「本当に力が足りない者は途中で力尽きてしまうだろう。お前は、もう駄目だと自分で限界を決めてしまっているではないか。」


冉求は孔子より二十九歳若い弟子です。優秀ですが、少し気弱なところがあります。その気弱さゆえに、全力を出し切る前に自分で限界を決めてしまっています。まだ余力があることを孔子はお見通しです。

どんなに頑張り屋で努力家であっても、壁にぶつかる時もやめたくなる時もあります。泣き言を呟《つぶや》いた時に励ましてくれる師が傍にいてくれたら、こんなに心強いことはありません。孔子は単に学問修養の道を説くだけではなく、挫《くじ》けそうになる弟子を励まし、前進させることにも尽力しています。師弟関係を結ぶことは、弟子の人生を預かることでもあったのです。

6月7日

子曰《しのたま》わく、君子《くんし》は其《そ》の言《げん》の其《そ》れの行《おこない》に過《す》ぐるを恥《はじ》ず。（憲問《けんもん》篇）

先生がおっしゃった。
「君子は行いよりも、言葉が大げさになることを恥じるものだ。」

言葉と行いについては、孔子もたびたび語っています。特に上に立つ者は言葉に慎重でなければならないことを伝えたかったのだと思います。当時は自分の言葉に責任を持たない人が多かったことも想像できます。孔子の嘆きや憤りの気持ちが込められているように感じます。

『論語』には「信」という字が出てきます。言葉に偽りがないという意味です。言葉が信頼できるから、よい人間関係が築けます。立派なことを言っても、それだけでは信頼されません。行いが伴って初めて信頼されるのです。

行いが伴わないことを恥と感じる心が大事です。恥ずかしさを感じられないと、同じことを繰り返すことになります。

6月8日

葉公《しょうこう》政《まつりごと》を問《と》う。子曰《しのたま》わく、近《ちか》き者説《ものよろこ》べば、遠《とお》き者来《ものきた》る。（子路《しろ》篇）

葉公が政治の要諦《ようてい》について孔子に質問した。先生がおっしゃった。
「自分の領地の民が幸せで満足するような政治を行えば、その様子を見た遠くの国の人々が慕い集まってくるだろう。」

葉公とは楚《そ》の国の葉県の長官と言われています。葉公は自分の領地の民を増やしたかったのでしょうか。それが孔子の答えから推測できます。

外に目を向けるのではなく、足元をしっかり見つめることをアドバイスしています。地域や組織を活性化したい時には、新しいことや大きな施策などを考えがちですが、現状を把握して分析することが大事です。意外と当たり前の単純なことを見落としていることがあります。

よき人物が育ち、よき政治が行きわたり、人々が安心して暮らせる魅力ある場所には、たとえ遠くからでも人々がやって来るのです。目の前にいる人を幸せにできないのに、ただ人口を増やそうとすることには無理があります。

曽子《そうし》曰《い》わく、能《のう》を以《も》って不能《ふのう》に問《と》い、多《おお》きを以《も》って寡《すくな》きに問《と》い、有《あ》れども無《な》きが若《ごと》くし、実《み》つれども虚《むな》しきが若《ごと》くし、犯《おか》されるるも校《こう》せず。昔者《むかし》吾《わ》が友《とも》、嘗《かつ》て斯《ここ》に従事《じゅうじ》せり。（泰伯篇）

曽子が言った。
「才能があるのに才能の乏しい人に問い、知識があるのに知識のない者に問い、道があってもないと言い、徳が充実していても空虚と感じ、理に適わないことを強いられても反撃しない。これらのことはよほどできた人物でなければ実現できないことだが、昔私の友人で実行できた人物がいた。だが今はもうその人もいなくなってしまった。」

曽子は孔子と四十六歳も歳の差のある若い弟子です。謙虚で学問修養に励む理想の人物像を語っています。

豊かな知識があっても謙虚に誰にでも素直に教えを乞《こ》う。人の道を踏み外さないために必要な徳を満足することなく求め続ける。理不尽な争いごとを仕掛けられても応じない毅然《きぜん》とした態度。これらができたら、まさに君子です。

曽子が回想した友人とは顔回だと思われます。孔子の門下生の中で最も優秀だった顔回の姿を重ねた曽子も優秀だということです。現状に満足せず、さらに高遠なものを求める姿勢には大いに刺激を受けます。

6月10日

郷人《きょうじん》の飲酒《いんしゅ》に、杖者《じょうしゃ》出《い》づれば、斯《ここ》に出《い》づ。郷人《きょうじん》の儺《おにやらい》には、朝服《ちょうふく》して阼階《そかい》に立《た》つ。（郷党《きょうとう》篇）

「村人との宴会には、杖をついた老人が退出してから出る。村人の鬼やらいの行事の時には、礼服を着て、東の階段に立って祭りの集団が来るのを待った。」

この章句は孔子の日常の一コマを描写しています。村人たちとの親睦《しんぼく》を深めるのも大事なことです。宴会の際も村の長老が退室するまでは席を立ったりしません。和やかな酒席でも、礼を欠くような態度はしてはいけません。お祭りの集団がやって来るまでは礼服を着て、外で待っています。行事には参加して、近隣の人々との関係を良好にしておくことを言っています。

同じ空間で同じ時間を一緒に過ごすことで、人は共感し合いよき人間関係を築きます。上に立つ者は日頃の行動にも心配りが必要です。弟子に説いて聞かせたことは、孔子は自らも実践しています。伝統文化を理解し、人との交際を大事にすることがよい国造りの土台です。

6月11日

子貢《しこう》政《まつりごと》を問《と》う。
子《し》曰《のたま》わく、食《しょく》を足《た》し、兵《へい》を足《た》し、
民《たみ》之《これ》を信《しん》にす。
子貢《しこう》曰《い》わく、必《かなら》ず已《や》むを得《え》ずして、
斯《こ》の三者《さんしゃ》に於《おい》て何《なに》をか先《さき》にせん。
曰《のたま》わく、兵《へい》を去《さ》らん。（顔淵篇《がんえんへん》）

子貢が先生に政治の要諦を質問した。

先生がおっしゃった。

「政治とは食を満たし、軍備を整え、民に信を授けることだ。」

これを聞いた子貢がさらに質問した。

「やむを得ず、この三者のうち一つを捨てなければならないとしたら、どれを捨てますか。」

先生は「軍備を捨てよう。」と答えられた。


この章句は孔子が考える政治の要諦について、最も簡潔に深く表現しています。子貢という優秀な弟子だからこそ成立した会話です。

政治とは経済の安定、軍備の充実、民に信義を教育すること。この三つを挙げました。ここから会話が核心に近づいていきます。子貢がこの三つから一つずつ捨てることを孔子に求めていきます。まず軍備を捨てます。徳有る優れた人物による徳治政治を理想とする孔子は即座に軍備を捨てると言いました。「兵を去らん」は納得できる返答ですが、子貢は満足せずに質問を重ねていきます。

子貢《しこう》曰《い》わく、必《かなら》ず已《や》むを得《え》ずして、斯《こ》の二者《にしゃ》に於《お》いて何《なに》をか先《さき》にせん。曰《のたま》わく、食《しょく》を去《さ》らん。古《いにしえ》より皆《みな》死《し》有《あ》り。民《たみ》信《しん》無《な》くんば立《た》たず。（顔淵篇）

子貢がさらに重ねて質問した。

「二つのうち、どちらかを捨てなければならないとしたら、どちらを捨てますか。」

先生はきっぱりとおっしゃった。

「食を捨てよう。もしかしたら餓死することになるかもしれないが、人には必ず死があり、誰も避けることはできない。最も大事なことは信である。人に信が無ければ国は成り立たないからだ。」


子貢は二つのうちどちらを捨てるかと迫ります。孔子は経済を捨てると言います。これは勇気のいることです。人々の混乱や不満は免れません。それでも孔子は「食を去らん」と言いました。人には必ず死があり、それから逃げることはできません。何よりも大事なことは信義を理解し実行できる民を残すことが最優先なのです。国の発展・存続は人にかかっています。誠実で正しいことができる人物を育てなければ、国は成り立ちません。人こそ全てです。

子貢は孔子に、捨てる順番を聞くことで孔子の考えを鮮明にしました。子貢の聡明さも光る章句です。

季路《きろ》鬼神《きしん》に事《つか》うることを問《と》う。子曰《しのたま》わく、未《いま》だ人《ひと》に事《つか》うること能《あた》わず、焉《いずく》んぞ能《よ》く鬼《き》に事《つか》えん。（先進篇《せんしんへん》）

季路が鬼神に仕えることとはどういうことかと質問した。
先生がおっしゃった。
「まだ人に仕えることもわからないのに、どうして鬼神に仕えることがわかるのか。」

季路は弟子の子路のことです。鬼は先祖の霊、神は天地の神々のことです。子路が鬼神に仕えるにはどうしたらいいかと質問しました。孔子の答えはいかにも現実主義を重んずる内容です。

現実の世界で人に仕えることもまだわかっていないのに、鬼神という目に見えない、自分が十分に理解していないものに仕えることなど、とても語れない、と言っています。

樊遅《はんち》という弟子に知を問われた時に、「民の義を務め、鬼神を敬して之《これ》を遠ざく」と答えています（1月29日を参照）。鬼神の存在は認めて、敬う気持ちはあるが確信を持てないことには触れないということでしょう。

6月14日

敢《あ》えて死《し》を問《と》う。曰《い》わく、未《いま》だ生《せい》を知《し》らず、焉《いずく》んぞ死《し》を知《し》らん。（先進篇）

子路がさらに続けて、敢えて死とはどういうことでしょうと質問した。
先生はおっしゃった。
「まだ生きることもわからないのに、どうして死というものがわかるだろうか。」

孔子が鬼神に仕えることなどわからないと答えたにもかかわらず、重ねて死について聞いたところに子路らしさが出ています。孔子が実践を重んじる現実主義者であることをまだ理解していません。生きるということは、様々な悩みを解決しながら、いかに生きるべきかを求め続けることです。

今を大事に生きることに全身全霊で臨むとしたら、まだ見ぬ死の世界については語ることはできないのです。孔子は神様や先祖の霊を軽視しているわけではありません。敬いながらも馴《な》れ馴れしくしない、程ほどの距離を置くようにしています。孔子は生に重きを置いています。

6月15日

子貢《しこう》問《と》いて曰《い》わく、孔文子《こうぶんし》は何《なに》を以《も》って之《これ》を文《ぶん》と謂《い》うか。子曰《しのたま》わく、敏《びん》にして、学《がく》を好《この》み、下問《かもん》を恥《は》じず。是《これ》を以《も》って文《ぶん》と謂《い》うなり。（公冶長《こうやちょう》篇）

子貢が孔文子はどうして文という美しい謚《おくりな》をつけられたのかと質問した。先生がおっしゃった。

「彼は学問に熱心で、目下の者に教えを乞うことを恥としなかった。だから文という謚を得られたのだ。」


謚は死後に贈られる名前です。その人の人生における素晴らしい業績や人柄を考え合わせてつけられます。謚をみるとその人の業績などが想像できるものです。文は最高級の文字だったようです。学問好きで速やかに何事も調べて解決することが窺《うかが》えます。疑問を解決するためには、相手が誰であっても問うことを厭《いと》いませんでした。「下問を恥じず」とは実にいい言葉です。素直で謙虚であることが結局は自分を豊かにすることになります。

「わからんことはそのままにしない。すぐに調べる」祖父の口癖でした。未だに実行できない私にとっては今も戒めの言葉です。

6月16日

子大廟《したいびょう》に入《い》りて事毎《ことごと》に問《と》う。或《あ》るひと曰《い》わく、孰《たれ》か鄹人《すうひと》の子《こ》を礼《れい》を知《し》れりと謂《い》うか。大廟《たいびょう》に入《い》りて事毎《ことごと》に問《と》うと。子《し》之《これ》を聞《き》きて曰《のたま》わく、是《こ》れ礼《れい》なり。

（八佾篇《はちいつ》）

先生が廟に入って祭祀の介添えをした時に、一々先輩に質問した。それを見ていたある人が「誰が一体、あの鄹人の子を礼に通じた人と言ったのか。」と言った。先生がそれを聞いておっしゃった。「慎重に事に臨むのが礼というものだ。」

孔子が理想の君子と仰ぐ、魯の国の始祖・周公旦が祭られている霊廟で祭礼が行われる際に、孔子が補佐役をしました。その際、細かいことまで全て質問して確認していました。その様子を見ていた者が、孔子のことを鄹人の子と言いました。鄹とは孔子の父親が長官をしていた領地の名です。「あの長官の息子の青二才か。礼に通じていると聞いていたが、全く礼を知らないではないか。」と謗《そし》ったのです。

孔子は全く動じません。「これこそが礼なのだ。」と毅然としています。重要な祭礼には、慎重の上にも慎重に、というのが孔子の姿勢です。礼を深く理解しているからこその態度です。

6月17日

孔子《し》曰《のたま》わく、益者三楽《えきしゃさんらく》、損者三楽《そんしゃさんらく》あり。礼楽《れいがく》を節《せっ》することを楽《たの》しみ、人《ひと》の善《ぜん》を道《い》うことを愉《たの》しみ、賢友多《けんゆうおお》からんことを楽《たの》しむは益《えき》なり。

（季氏《きし》篇）

先生がおっしゃった。
「益を得る楽しみが三つ、損を受ける楽しみが三つある。礼儀に適った行動をし、音楽なども楽しめる教養が身につく楽しみ。人の善行善言を語る楽しみ。賢友の多いことの楽しみ。この三つの楽しみは有益である。」

有名な三楽の言葉です。人生の楽しみにも良い悪いがあることを三つのことで表しています。まず良い楽しみは、一つ目は礼節と音楽で教養豊かになることです。よき文化人になることと言えます。学問知識だけでは情緒や感性は育めません。二つ目は人の善い行いや話を自分のことのように喜び、話題にすることです。これが一番難しいかもしれません。三つ目はよき友人に恵まれることです。単なる友人ではなく、人として優れていて尊敬できる人です。そのような人物からはよい影響をたくさん受けられるので、結局切磋琢磨できます。

現代にも通じるよき三楽です。

6月18日

驕楽《きょうらく》を楽《たの》しみ、佚遊《いつゆう》を愉《たの》しみ、宴楽《えんらく》を楽《たの》しむは損《そん》なり。（季氏篇）

先生の言葉の続き
「損を受ける楽しみも三つある。驕《おご》り高ぶりわがままを言う楽しみ、怠けて遊ぶ楽しみ、酒に耽《ふけ》る楽しみ。これらは自分に損をもたらす楽しみである。」

孔子はよい例と悪い例を並べて話すことがあります。対比することで内容が一層明確になります。よくない楽しみも三つ挙げました。

一つ目は自分の感情のままに我を通すこと。自分は満足かもしれませんが、人からは疎《うと》んぜられます。二つ目は遊興です。現代で言うならギャンブルでしょうか。やるべきこともやらずに遊び耽ることです。最後は度を越した酒です。飲んで憂さを晴らす、自暴自棄になる。これらは本物の楽しみではありません。「酒品というものがある、飲む時にも品よく飲まんといかん。」これも祖父の口癖でした。

豊かに心を遊ばせて、次への活力になるような楽しみを見つけたいものです。

6月19日

有子《ゆうし》曰《い》わく、其《そ》の人《ひと》と為《な》りや、孝弟《こうてい》にして上《かみ》を犯《おか》す者《もの》は鮮《すくな》し。上《かみ》を犯《おか》すを好《この》まずして乱《らん》を好《この》む者《もの》は未《いま》だ之《こ》れ有《あ》らざるなり。(学而篇)

有子が言った。
「その人柄が親を敬愛して孝行をし、兄や姉に素直である者は、目上の人や年長者に反抗することは好まない。そのような人柄であれば、世の中を乱すようなことはしない。」

有子は孔子より十三歳若い弟子です。容姿が孔子に似ていたと言われています。孔子の教えを若い弟子たちに継承する役目だったと思います。社会に出る前の人間関係は家族です。その基は親子です。親子関係がよければ社会でも順応していけるという考え方です。

兄弟姉妹が仲睦まじいことも大切です。社会では上下関係だけではありません。あらゆる年代の人と関わっていきます。年下の者、弱い者を思いやれるか可愛がれるか。自然に湧いてくる情愛は家庭で育まれていきます。

孝悌《こうてい》という、本来人が持っているよき資質の掘り起こしの重要性を説いています。

6月20日

君子《くんし》は本《もと》を務《つと》む、本《もと》立《た》ちて道《みち》生《しょう》ず。孝弟《こうてい》なる者《もの》は、其《そ》れ仁《じん》を為《な》すの本《もと》か。（学而篇）

有子の言葉の続き
「君子という者は、ものごとの根本に力を注ぐものだ。根本がしっかりすれば、道は自ずから開けるものだ。つまり孝悌とは仁の根本と言えるのだ。」

孝悌が人類愛の根本にあると孔子は確信していました。それが『論語』の言葉の中にたびたび感じられます。根本に力を注げば、自然に道は開けていくと。孔子が求める仁の根本には孝悌があり、これが揺るがなければ、世の中が整っていくということです。

ものごとの根本とは、樹木の根っこと同じです。土の中にどれだけしっかりと根を張れるか、見えないけれど最も大事な部分です。花を咲かせ、実を収穫することを望むのであれば、まず根を張ることに集中するべきです。

手ごたえを感じづらいものに集中することは難しいですが、そこに意識を持ちたいものです。

子曰《しのたま》わく、道行《みちおこな》われず、桴《いかだ》に乗《の》りて海《うみ》に浮《う》かばん。我《われ》に従《したが》う者《もの》は、其《そ》れ由《ゆう》か。子路《しろ》之《これ》を聞《き》きて喜《よろこ》ぶ。子曰《しのたま》わく、由《ゆう》や勇《ゆう》を好《この》むこと我《われ》に過《す》ぎたり。材《ざい》を取《と》る所《ところ》無《な》し。（公冶長篇）

先生が溜息をつきながら呟いた。
「道義が廃れたこの国にもういたくはない。桴にでも乗って外国に行ってしまいたいものだなぁ。その時についてきてくれるのは、由くらいなものだろうか。」この言葉を聞いた子路は自分を指名してくれたことに感激し、得意になった。その様子をみた先生がおっしゃった。
「由の勇気のあるのは私以上で、私の供をすると勇んでいるが、桴の材を揃えることもしていないではないか。」

思うようにうまく治まらない世の中を嘆く孔子の心情と、孔子に信頼されたことに有頂天の子路の気持ちとには落差があります。

熱血漢で正しいことを力強く実行する子路は孔子のボディーガード役を自任しています。ただ、孔子の言葉の真意を掴《つか》みきれずにいます。そんな子路を見て、「わかっておらんなぁ」と心の中で呟いたかもしれません。でも子路の一途さに却《かえ》って救われたのも事実でしょう。苦楽を共にしてきた師弟の絆《きずな》が感じられます。

孔子の嘆きは深く、国を去りたくなるほどの空しさだったことがわかります。逃げ出さなかった、孔子の強さを感じます。

子《し》、子産《しさん》を謂《い》う。君子《くんし》の道《みち》四《よつ》有《あ》り。其《そ》の己《おのれ》を行《おこな》うや恭《きょう》なり。其《そ》の上《かみ》に事《つか》うるや敬《けい》なり。其《そ》の民《たみ》を養《やしな》うや恵《けい》なり。其《そ》の民《たみ》を使《つか》うや義《ぎ》也《なり》。（公冶長篇）

先生が子産の人物批評をされた。
「君子には守るべき四つの道がある。自分の振る舞いを恭《うやうや》しくする。上にお仕えする時には謹み深く敬う。人民には慈しみ恵み深く、民を使う時には道義に適っていること。彼にはこの四つのことが備わっている。」

子産は鄭《てい》の国の大夫で、名臣として名を遺した人物です。次の四つのことを、子産は見事に実践していたと孔子は評しました。

恭しいとは、自分の行いが丁寧できちんとしていることです。威張らないということです。上に立つ者は常に人々から見られています。緊張感を持って行動することが求められます。上の者にお仕えする時には敬意をもって慎重な態度で。そして民を慈しむとは、民のことを一番に考えるということです。最後に民に動いてもらう時には必ず道義に適っていることが大事です。筋の通らぬことをさせていないかどうか、省みることです。子産の偉大さが伝わってきます。

宰予《さいよ》昼寝《ひるい》ぬ。子《し》曰《のたま》わく、朽木《きゅうぼく》は雕《え》るべからず。糞土《ふんど》の牆《しょう》は、杇《ぬ》るべからず。予《よ》に於《お》いてか何《なん》ぞ誅《せ》めん。（公冶長篇）

宰予が昼寝をしていた。
先生が立腹しておっしゃった。
「朽ちた木には彫刻はできない。土が腐った土塀には上塗りできない。このように精神の腐った宰予を責めたところでどうしようもない。」

宰予は孔子の弟子で、孔子との年の差は二十九歳です。優秀ではありますが、生活態度を孔子に叱られています。

昼寝をしていただけで、孔子はこれほど怒るでしょうか。昼寝をしていて授業に遅刻した、あるいは緊張感なく大の字になって堂々と昼寝をしていたのかもしれません。いずれにしても先生は大激怒です。

腐った木には彫刻はできない、腐った土塀に上塗りできない。宰予の精神も腐っている、私はもう何も教えないと。ここまで言われたら破門も覚悟しなければなりません。宰予は一門の怒られ役でもあったかもしれません。

子曰《しのたま》わく、始《はじ》め吾人《われひと》に於《お》けるや、其《そ》の言《げん》を聴《き》きて其《そ》の行《おこない》を信《しん》ぜり。今吾人《いまわれひと》に於《お》けるや、其《そ》の言《げん》を聴《き》きて其《そ》の行《おこな》いを観《み》る。予《よ》に於《お》いてか是《これ》を改《あらた》む。（公冶長篇）

先生がおっしゃった。

「私は今までは、その人の言葉を聞いてその行いも信じてきた。これからは言葉を聞いても、その行いを観てから信じることにした。宰予の態度を見て、わたしは人の見方を変えた。」

宰予の行いが孔子の人物の見方まで変えたことになります。孔子の怒りが伝わってくるようです。当時と現代では学ぶことに対する姿勢が異なります。先生を求めて入門し、門人同士で切磋琢磨し、やがてしかるべき地位に就きます。高い意識を持って学ぶために集まってきた集団です。孔子にとっては、優秀であることよりもやる気があるかどうかの方が重要だったのです。

孔子の門下生たちは個性豊かだったに違いありません。様々な人間模様があったのです。『論語』の中のいろいろな場面から彼らの心情を想像するのも楽しいものです。

子曰《しのたま》わく、巧言令色《こうげんれいしょく》、鮮《すくな》し仁《じん》。（学而篇）

先生がおっしゃった。
「お世辞を言い、愛想のいい顔つきの人には仁の心が少ないものだ。」

『論語』の中の最も有名な章句と言えます。巧言は口先がうまいこと、令色は愛想がいいこと。巧言令色は全く心がこもっていないことを表す四字熟語です。相手に対して何か下心があって、気に入られるような言葉を言ったり、作り笑顔をするような人には誠実さがありません。心の籠《こも》っていない言葉や態度を戒めています。

時には相手に合わせた態度を取ったり、同調することもあります。日常には巧言令色が全くないわけではありません。でも度を越してはいけません。仁から離れないように心がけることが大切です。

6月26日

子曰《しのたま》わく、父母《ふぼ》の年《とし》は、知《し》らざる可《べ》からず。一《いつ》は則《すなわ》ち以《も》って喜《よろこ》び、一《いつ》は則《すなわ》ち以《も》って懼《おそ》る。

（里仁《りじん》篇）

先生がおっしゃった。
「親の年齢は忘れてはいけない。一方ではこの歳まで元気でいることを喜び、もう一方ではもうこの歳では先が短いのではないかと心配する。」

孔子は親孝行についても言葉を残しています。父母の年を覚えていないなんて、まさかそんなことはないですよね。孔子の問いかけが聞こえてきそうです。

長寿を喜び感謝することと、長寿であれば先が短くなってくることを自覚しなくてはなりません。親子の情愛はいくつになっても変わりませんが、親を見送る日が近づいてくるのは確実です。両親と若い時に死別している孔子は、弟子たちに親孝行しなさいと言っています。自分が十分にできなかった分を弟子たちに託しているのかもしれません。

6月27日

子曰《しのたま》わく、我《われ》を知《し》ること莫《な》きかな。子貢《しこう》曰《い》わく、何為《なんす》れぞ其《そ》れ子《し》を知《し》ること莫《な》からんや。

（憲問篇）

先生が感慨深くおっしゃった。
「あぁ、私を理解してくれる人が誰もいないなぁ。」
これを聞いた子貢が言った。
「どうして先生のような方が知られないということがあるでしょうか。」

孔子の晩年の言葉と言われています。自分の信じる道をひたすらに進んできた孔子にも、世の中に認めてもらえなかった嘆きと人生の無常感があったことが伝わってきます。

敬愛する先生の心情を察して「何をおっしゃいます。先生のことを知らないなんてあり得ません」と強い気持ちで励ましています。ここにも深い絆で結ばれた師弟関係があります。孔子の嘆きの本当に深いところは誰にも理解できないかもしれませんが、常に心を支えてくれる弟子が傍らにいたことは幸せなことです。

子曰《しのたま》わく、天《てん》を怨《うら》まず。人《ひと》を尤《とが》めず。下学《かがく》して上達《じょうたつ》す。我《われ》を知《し》る者《もの》は其《そ》れ天《てん》か。

（憲問篇）

先生が続けておっしゃった。
「私は自分のしてきたことが報われなくても、天を怨むことはしないし、人を咎《とが》めることもしない。自分の足元から学び、段々と高いところに上ってきた。私を本当に知っていてくれるのは天だけであろうか。」

自らを省みることをしてきた孔子らしい言葉です。たとえ報われなくても、評価されなくても天を怨んだりしない。自分は誰にも知られなくても構わない。自分に言い聞かせるように言っています。自分の能力に気づかず、登用しなかった人たちにも文句を言わない。

孔子には自分の信じたやり方で段階を踏んで今日までやってきたという自負が感じられます。強い気持ちが表れている一方で、最後には天のみが自分を理解していると言っています。揺れる孔子の心情が、孔子の人間味を表しています。

孔子《こうし》曰《のたま》わく、益者三友《えきしゃさんゆう》あり、損者三友《そんしゃさんゆう》あり。直《なお》きを友《とも》とし、諒《まこと》を友《とも》とし、多聞《たもん》を友《とも》とするは益《えき》なり。（季氏篇）

先生がおっしゃった。
「有益な友に三種類ある。直言してくれる友、誠実で裏表のない友、博学でものごとをよく理解している友。これらを友とすることは有益である。」

どのような友人とつき合っているかを見るとその人がわかる、と言われます。友人は自分を映す鏡とも言います。大事な存在です。

孔子は三種類の友人を挙げました。直、諒、多聞です。これらは今でも通用します。直言してくれる人は貴重な存在です。誠実であることはもちろん博学であることも魅力です。知的な刺激も受けられ、しかも人の道も弁えているので、自分を磨いてくれる存在です。

よき友人に恵まれることは人生を豊かにしてくれますが、よき友人とはどのようにしたら出会えるのでしょう。自分自身がよき人間になる努力をしなければ、望むような出会いはやってこないでしょう。やはり自分次第なのです。

便辟《べんぺき》を友《とも》とし、善柔《ぜんじゅう》を友《とも》とし、便佞《べんねい》を友《とも》とするは損《そん》なり。（季氏篇）

先生の言葉の続き
「体裁ばかりを気にする者、不誠実な者、口先だけで調子のいい者。これらは損をする友人である。」

よき友人の逆になります。世間の評判や体裁ばかりを気にする人、思いやりや正直さのない人、その場かぎりの調子のいい人。これらは損者です。一緒にいても楽しくない人たちです。それは自分と考え方が異なるからです。もし一緒にいても違和感がないとしたら、自分も損者の仲間入りをしてしまっていることになります。

楽しくて居心地のいい仲間が、必ずしもよき友人関係とは限りません。どのような人と出会い、どのような付き合いをしていくかは、自分の生き方や価値観によって決まっていくのです。

七月

7月1日

子曰《しのたま》わく、徳《とく》は孤《こ》ならず、必《かなら》ず隣《となり》有《あ》り。（里仁《りじん》篇）

先生がおっしゃった。
「徳のある者は、孤立することはない。人には隣人がいるように、必ず共鳴してくれる人は現れるものだ。」

『論語』の中では最も有名な章句と言えます。正しいことをできる人、誠実な人は、けっして孤独にはならないという意味です。誠実さや人やものごとへの慮《おもんぱか》りが大事であることは誰もが理解しています。しかしそれを実行できるかというと躊躇《ちゅうちょ》したり、できない理由を考えてしまうことがあるのも現実です。

自分がどのような状況にあっても、たとえ協力してくれる人がいなくても、正しいことを誠意を持ってやり遂げられる人には、その誠実な姿に気づいて寄り添ってくれる人が現れるので心配ありません。きっと孔子の経験から生まれた言葉でしょう。よき仲間に恵まれたら、今度は自分が寄り添える人になりたいですね。

※この章句は有隣堂書店の店名の由来。

7月2日

子夏《しか》曰《い》わく、博《ひろ》く学《まな》びて篤《あつ》く志《こころざ》し、切《せっ》に問《と》いて近《ちか》く思《おも》う。仁《じん》其《そ》れ《れ》の中《うち》に在《あ》り（子張《しちょう》篇）

子夏が言った。
「広く偏りがなく学び、志を持ち、学んでも理解できないことは切実に問い解決する。そのようにして学んだことは、自分の日常から実践して活かしていく。このように心がけていれば、仁は自然に備わってくる。」

※この章句は朱子の名著『近志録』の書名の由来。

孔子よりも四十四歳も若い子夏という弟子の言葉です。既に弟子がいて、その教育にも尽力しています。この章句は孔子の教えを最も簡潔にまとめた名文だと思います。

学問知識だけではなく、広く人の道も含めて学ぶこと。理想を清く高く持つこと。自分で深く考えて疑問があれば、速やかに解決しようと努力すること。学んだことは全て実践すること。この四つのことを常に心がけるようにと語っています。これらは博学、篤志、切問、近志の熟語で表せます。このような心がけが仁者になるため基となります。

日々の積み重ねがよき人物を作っていくのです。

7月3日

子曰《しのたま》わく、仁《じん》に当《あ》たりては、師《し》にも譲《ゆず》らず。（衛霊公篇《えいれいこうへん》）

先生がおっしゃった。

「仁を行う時には、先生と雖《いえど》も遠慮することはない。」


仁には決まった形や法則がある訳ではありません。自分が感じた通りに行動すればいいのです。弟子たちにとっては孔子は尊敬する偉大な人物です。仁についても、はっきりと具体的な説明を聞きたかったのかもしれません。でも孔子は自分の思った通りに行動しなさい、私に遠慮はいりませんと言いました。

自らを省みることが孔子の教えの根幹です。だからこそ自分で考えて行動することが大事なのです。いつも言われた通りに、決められた通りに行うだけでは必ず行き詰まります。失敗も含めて実体験が成長につながります。仁は元々誰もが持っているよき資質です。それを形にするのはその人次第です。

7月4日

子曰《しのたま》わく、人《ひと》の過《あやま》ちは、各々《おのおの》其《そ》の党《とう》に於《お》いてす。過《あやま》ちを観《み》て斯《ここ》に仁《じん》を知《し》る。（里仁篇）

先生がおっしゃった。
「人は誰でも過ちを犯すが、それは仲間や本人の心がけから起こることが多い。過ちの内容をよく観察すれば、その人の仁について知ることができる。」

仁がある人とない人の違いは、その人の犯した失敗や間違いから知ることができます。どのような仲間と行動を共にしているのか、何を優先しているのか。そんなところに間違いの質の違いが見えてきます。あるいは仁があっても、その仁が正しい形で現れない場合もあります。情に流されたり、偏った愛情だったり。

いずれにしてもその人の心がけによって違いが生じます。人物を見極める時の一つの視点として心に留めておきたいです。そして何よりも自分に重ねて振り返るための戒めの言葉として受け止めたいです。

子曰《しのたま》わく、性《せい》、相近《あいちか》し。習《なら》い、相遠《あいとお》し。（陽貨《ようか》篇）

先生がおっしゃった。
「人の生まれつきは、似たり寄ったりで大きな差はない。その後の習慣や学習によって、その隔たりが大きく遠くなるのだ。」

人は皆ほぼ差がなく生まれてきます。でも大人になるにつれて差が生じます。その差は人間性や生活態度において顕著に表れるように感じます。では差を生むものは何なのでしょう。孔子は習慣を挙げています。よい習慣はその人が持って生まれたよき資質を磨いてくれます。

挨拶をする、時間を守る、自分の持ち物を大事にする。よい習慣は数え上げたらきりがありません。一見単純なことも継続するから習慣になります。たとえばわからないことをそのままにしないで速やかに解決することも習慣です。これは習慣化するのに少し努力が必要な例ですが、よき習慣が自分を高め、よき出会いを連れてきてくれるように思います。

子曰《しのたま》わく、君子《くんし》にして仁《じん》ならざる者《もの》は有《あ》らんか。未《いま》だ小人《しょうにん》にして仁《じん》なる者《もの》有《あ》らざるなり。（憲問篇《けんもんへん》）

先生がおっしゃった。
「君子でも時には過ちを犯し、仁から離れてしまうことがある。元々道に志していない小人が仁者であるというためしはない。」

君子は志を持ち学問修養をしている人ですが、完璧な人ではありません。間違いを犯したり、失敗した後の対応が小人とは異なると孔子は言っています。正直に過ちを認め修正することができます。悪意や下心がなかったとしても、間違いを犯すということは、その瞬間は仁から離れてしまったということです。君子にもそんな習慣があるということです。

一方、小人はどうでしょう。小人は元々仁から離れているので、どんな行動をとろうとも、何を言おうとも仁者にはなれないのです。

過ちはない方がいいですが、まず仁を拠《よ》り所にすることを心がけたいです。

季康子《きやすこ》盗《とう》を患《うれ》えて、孔子《こうし》に問《と》う。孔子《こうし》対《こた》えて曰《のたま》わく、苟《いや》しくも子《し》の不欲《ふよく》ならば、之《これ》を賞《しょう》すと雖《いえど》も竊《ぬす》まず。（顔淵《がんえん》篇）

魯《ろ》の大夫・季康子が盗人《ぬすっと》が多いことを心配して、どうしたらよいかとたずねた。先生がおっしゃった。
「もしあなたが無欲であったなら、たとえ盗人に褒美をやると言っても、盗む者はいなくなります。」

上に立つ者の姿を反映していると孔子は言いたかったのでしょう。季康子は民をないがしろにして、私益を優先するような政治をしていました。そのような為政者の行動を観ていたら、民も同じことをし始めます。そのことに全く気づいていない季康子に対して、皮肉たっぷりの言葉を返しています。あなたが変われば民も変わりますよと。

季康子は民が盗みを働く原因を知ろうとしていません。民が安定した暮らしができるような政治をしていないために、貧しさゆえに盗みを働いたのかもしれません。孔子の助言の本質を季康子が理解していないことが想像できます。

子曰《しのたま》わく、唯上知《ただじょうち》と下愚《かぐ》とは移《うつ》らず。（陽貨篇）

先生がおっしゃった。
「上知の者は生まれながらに道を知っている者であり、下愚の者は困窮しても学ぶ気持ちが起こらない者である。この両者は変わりようがない。」

孔子は生まれた後の学問修養や生活態度には個人差があると言っています。生まれながらに道理を知る者、学問することによって道理を悟る者、行き詰まってからようやく学ぶ者、追い詰められても学ばない者。この四つに分けています。上知は生まれながらに知っている者で、天才と言えます。このような人はまれでしょう。下愚は学ぶ意志のない者です。

学問の習熟度には違いがあります。一回で理解できる人、三回聞いて腑《ふ》に落ちる人。様々ですが、自ら学ぶ人、学問の重要性に気づいて学び始める人。このような人たちが大半でしょう。生まれながらに道理を知る者と学ぶ意欲のない者は変わりようがないと孔子は言いました。

7月9日

子夏曰《しかい》わく、仕《つか》えて優《ゆう》なれば則《すなわ》ち学《まな》ぶ。学《まな》びて優《ゆう》なれば則《すなわ》ち仕《つか》う。(子張篇)

子夏が言った。
「仕官して公務に全力を尽くし、余力があったら学んで見識を広め、仕事の充実に役立てる。学問をしている者は、十分に学んで余裕ができたら仕官して、身につけたものを実行することだ。」

仕官と学問について、弟子の子夏が語っています。現場に出ると仕事に全精力を使い、再び学ぼうという意欲も時間もなくなりがちです。しかし現場での経験を踏まえて学びを深めることは非常に重要で有効です。子夏は現場に出ても学びを忘れるなと言いたかったのでしょう。

一方、まだ学んでいる最中の若者には、十分に学んで力を発揮できる自信がついたら現場に出るのもよいだろうと言っています。

仕官と学問は結局切り離せません。どちらが先だとしても、学ぶ気持ちを持ち続けることが大事です。どんなことでも自分がするべきことを全力で頑張れる人になりたいです。

子《し》、四《し》を絶《た》つ。意《い》毋《な》く、必《ひつ》毋《な》く、固《こ》毋《な》く、我《が》毋《な》し。

（子罕《しかん》篇）

先生は次の四つのことを絶っていらした。それは意、必、固、我である。

人が陥りやすい四つのことを挙げています。孔子ほどの人物でも常に気をつけていたということです。意は私意、必は執着、固は頑固、我は自我。この四つです。私意は主観的な考えや意地をはることと言えます。必は必ずやるというこだわりや無理強《じ》いです。固は頑《かたく》なことです。我は強い自己主張です。どれも似ています。

自分なりの価値観や考え方から離れられないことはありますが、それが度を越すと人間関係もうまく行かなくなります。生きにくさを感じることになります。柔軟で臨機応変になれたらいいですね。そのためには、素直さや謙虚さを忘れずにいたいです。

子曰《しのたま》わく、中庸《ちゅうよう》の徳《とく》為《た》るや、其《そ》れ至《いた》れるかな。民鮮《たみすくな》きこと久《ひさ》し。（雍也篇《ようやへん》）

先生がおっしゃった。

「中庸の徳というものは完全で最高である。しかし久しい間、この徳を行える人が少なくなった。」


中庸とは過不足なく、偏りがなく中正でその状態が常に保たれていることを表しています。永遠に変わらない最高の徳は、人格の優れた人物に備わっているものです。そのような人物が今はほとんどいなくなったことを嘆いています。

徳は人が生まれながらに身につけているもので、自己修養によって磨かれて、それはより崇高な品格や威厳になります。そのような人物の存在が、道義が廃《すた》れて政治にも期待ができなくなった原因だと孔子は考えています。政治も文化も教育も、人こそ全てであることを示しています。

子路《しろ》政《まつりごと》を問《と》う。子曰《しい》わく、之《これ》に先《さき》んじ之《これ》を労《ろう》ふ。益《えき》さんことを請《こ》う。曰《のたま》わく、倦《う》むこと無《な》かれ。（子路《しろ》篇）

子路が政治の要諦《ようてい》をたずねた。

先生がおっしゃった。

「まず民の先に立って行い、そして民を労《いた》わる。これが政治の根本である。」

孔子の言葉の真意が理解できず、「もう少しお聞かせ下さい。」と言った。

先生はさらにおっしゃった。

「飽きることなく続けよ。」


孔子の言葉はとても簡潔で明快ですが、そんなことが政治なのですかという納得できない子路の気持ちが伝わってきます。重ねて質問しても、孔子の答えは変わりません。

「飽きることなく続けよ」という言葉は、子路に限らず為政者には必要な心構えです。まず私心がなく正しい行いができていること、民の生活ぶりや心情を慮ること。これらは常に心がけていなくてはなりません。

新しい施策を行うことも大きな変革も大事です。目に見える成果をすぐに出したくなることもあります。しかし地道に民に寄り添い、常に同じ姿勢で取り組むことが最も重要です。

子曰《しのたま》わく、麻冕《まべん》は礼《れい》なり。今《いま》や純《じゅん》なるは倹《けん》なり。吾《われ》は衆《しゅう》に従《したが》わん。（子罕篇）

先生がおっしゃった。
「麻の冠をかぶるのが昔からの礼だが、今では絹の冠を用いられている。昔の礼とは異なるが、私は今の人に従おう。」

麻の冠が古来、正式の礼でしたが、麻糸を織って冠を作るには手間と費用がかかりました。絹糸の方が価格も安く扱い易いという理由で、絹の冠が用いられるようになっていました。手間と費用の節約です。古来の礼に厳しい孔子もこれには理解を示しています。

下《しも》に拝《はい》するは礼《れい》なり。今《いま》、上《うえ》に拝《はい》するは泰《たい》なり。衆《しゅう》に違《たが》うと雖《いえど》も、吾《われ》は下《しも》に従《したが》わん。（子罕篇）

先生の言葉の続き
「臣下が君に対して拝礼するのは、堂の下で行うのが古来よりの礼であるが、今は堂の上で拝礼をしている。これは臣下には相応《ふさわ》しくない行為である。私は人々と違うと言われても、堂の下で拝礼したい。」

堂とは儀礼や接客する建物で君が控える表座敷のようなものです。階段を上った上にあります。臣下は建物の下で拝礼するのが、古来の礼でしたが、孔子の時代には上まで上って礼をするようになっていました。あるまじき驕《おご》った態度であるとして、孔子は認めませんでした。人がどうであろうと、昔の礼に従うという孔子の強い気持ちが伝わってきます。

孔子は何でも古いものの方がいいとは思っていません。そこに道義があるのかないのかで判断しています。冠の素材の変化は納得できても、堂での拝礼の変化は道義に適《かな》っていません。君に対する敬意が薄れているからです。ものごとの本質を見極めることが必要です。

7月15日

子曰《しのたま》わく、晏平仲《あんぺいちゅう》は、善《よ》く人《ひと》と交《まじ》わる。久《ひさ》しくして之《これ》を敬《けい》す。（公冶長篇《こうやちょう》）

「晏平仲はよく人との交際の道を心得ていた。久しくつき合っても敬意を失わなかった。」
先生がおっしゃった。

晏平仲は斉《せい》の国の名宰相と言われた人物です。斉の国の君主・景公《けいこう》がかつて孔子を家臣として登用しようとしたことがありました。その際に景公に孔子の登用に反対意見を進言したのが晏平仲と言われています。その結果、仕官は見送られました。

魯の国で徳治政治を目指して尽力してきた孔子ですが、斉のような人口も多く、国柄が魯とは異なる国では本来の力を充分に発揮できないと晏平仲は思ったようです。本当のところは定かではありませんが、このようないきさつを踏まえた上で、孔子の人物評に触れるとまた違った味わい方ができそうです。

7月16日

子《し》、九夷《きゅうい》に居《お》らんと欲《ほっ》す。或《あ》るひと曰《い》わく、陋《ろう》なり。之《これ》を如何《いかん》。子曰《しのたま》わく、君子《くんし》之《これ》居《お》らば、何《なん》の陋《ろう》か之《これ》有《あ》らん（子罕篇）

先生が乱れた世の中を嘆いて、未開の地へでも行ってしまおうかと呟《つぶや》いたことがあった。その言葉を聞いたある人が言った。
「未開の地は野蛮なところでございます。どうなさるのですか。」
先生がおっしゃった。
「君子がそこに住めば、段々と風俗もよくなっていくだろう。」

九夷とは東方にある未開の国のことです。道義が廃れて思うような国造りができない孔子の嘆きは、自国を捨てて未開の地へ行きたくなるほどだったと言えます。

一方で、たとえ政治も文化もまともに存在しない未開の地でも、自分が行けば野蛮さも薄れて、よい国になっていくという自信も言葉にしています。君子とは感化する力がある者と孔子は考えています。今まさに自分の感化する能力を未開の地で発揮することを言っています。

国の乱れを憂い嘆く絶望的な心情と、未開の地で力を発揮することを想像する姿に、孔子の複雑な感情が窺《うかが》えます。

7月17日

仲弓《ちゅうきゅう》仁《じん》を問《と》う。
子曰《しのたま》わく
門《もん》を出《い》でては大賓《たいひん》を見《み》るが如《ごと》くし、
民《たみ》を使《つか》うには、大祭《たいさい》に事《つか》えまつるが
如《ごと》くす。（顔淵篇）

仲弓が仁とはどういうものかとたずねた。
先生がおっしゃった。
「一歩家を出て社会の人と交わる時には大事なお客様を迎えた時のようにして、民に働いてもらう時には、国家の大事な行事を慎重にとり行うようにする。」

仲弓は孔子との年の差が二十九歳です。若くて優秀な弟子です。孔子は様々な表現で仁の説明をしています。仁とは何なのか。弟子たちにとっても常に考え続けるべきテーマです。

仲弓の問いには、彼の優秀さや人柄を踏まえて答えています。人と接する時には、まるで大事なお客様をお迎えするようにする。人々に働いてもらう時にも重要な祭祀《さいし》を行うような慎重さを持って、けっして驕った態度にならないようにする。孔子の言葉は具体的です。

己《おのれ》の欲《ほっ》せざる所《ところ》は、人《ひと》に施《ほどこ》すこと勿《なか》れ。邦《くに》に在《あ》りても怨《うらみ》無《な》く、家《いえ》に在《あ》りても怨《うらみ》無《な》し。

仲弓《ちゅうきゅう》曰《い》わく、雍《よう》、不《ふ》敏《びん》なりと雖《いえど》も、請《こ》う、斯《こ》の語《ご》を事《こと》とせん。（顔淵篇）

孔子の言葉の続き
「自分が厭だと思うことは人にはしない。このようにすれば社会で恨まれるようなことがなく、家にあっても怨まれるようなことはない。」
仲弓が感激して言った。
「私は未熟な者ですが、今教えて頂いたお言葉を一生実践していきたいと思います。」

「己の欲せざる所は人に施すこと勿れ」は有名な慣用表現になっています。人の立場になって慮るのが仁です。自分と同じくらい相手を大事に思うことです。相手を慮ると自然に丁寧で敬意をもって接することができます。それは他人であっても家族であっても同じです。自分を省みることと人への情愛とが揃った時に仁は最大に発揮されるように思います。

仲弓が「雍、不憫なりと雖も、請う、斯の語を事とせん。」と言った言葉に、謙虚な性格と孔子への深い敬愛と信頼が感じられます。人物から学ぶとはこういうことなのでしょう。羨《うらや》ましい師弟関係です。

7月19日

子曰《しのたま》わく、与《とも》に共《とも》に学《まな》ぶべきも、未《いま》だ与《とも》に道《みち》に適《ゆ》くべからず。与《とも》に道《みち》に適《ゆ》くべきも、未《いま》だ与《とも》に立《た》つべからず。与《とも》に立《た》つべきも、未《いま》だ与《とも》に権《はか》るべからず。

（子罕篇）

先生がおっしゃった。

「一緒に学ぶことはできても、一緒に同じ道を行くことは難しい。仮に道を共にできたとしても、信念を持ってその道に一緒に立つことは難しい。さらにもし一緒に道に立てたとしても、ものごとに臨機応変に対応して、正しい道を進むことは難しい。」

学ぶこと、道を行くこと、礼を体得し道にしっかりと立つこと、そして臨機応変に対応してものごとを成し遂げること。この四段階の最後まで行ける人はなかなかいないと孔子は言っています。

学ぶことから実践へと進む中で、実践することの難しさがどんどん迫ってきます。孔子の経験が言わせている言葉のようにも感じます。

権ははかりの重りで分銅を表します。ものをはかる時には重量に合わせて分銅を動かして、釣り合うようにします。権はものごとがうまく行くようにはかって、臨機応変に対応することを表します。孔子の話は理路整然としています。

子曰《しのたま》わく、由《ゆう》の瑟《しつ》を鼓《こ》する、奚為《なんす》れぞ丘《きゅう》の門《もん》に於《お》いてせん。

門人《もんじん》子路《しろ》を敬《けい》せず。

子曰《しい》わく、由《ゆう》や堂《どう》に升《のぼ》れり、未《いま》だ室《しつ》に入《い》らざるなり。（先進《せんしん》篇）

先生がおっしゃった。

「由には私の家で琴を弾いてほしくないなぁ。」

それを聞いた若い弟子たちが、子路のことを尊敬しなくなった。

すると先生はたしなめておっしゃった。

「子路は堂にまで上っているが、まだその奥の室には入っていないというだけだ。けして侮ってはいけない。お前たちはまだ堂にも行っていないのだから。」


冗談半分で言ったことを真に受けた若い弟子たちを孔子がたしなめています。由とは子路のことです。武勇の人である子路は琴のような文化的で芸術的なことは苦手だったようです。琴の一件だけで若い弟子たちが子路を尊敬しなくなったことは短絡的な態度です。それを諫《いさ》めるように子路の実績を聞かせます。

堂は接客などをする表座敷です。子路はそこで公務を果たせるだけの実力があります。堂の奥の間の室にはまだ至っていないだけです。堂にも及ばない若手を諭しています。

孔子の話術の素晴らしさが窺えます。

7月21日

子貢《しこう》曰《い》わく、斯《ここ》に美玉《びぎょく》有《あ》り。匵《とく》に韞《おさ》めて諸《これ》を蔵《ぞう》せんか。善賈《ぜんこ》を求《もと》めて諸《これ》を沽《う》らんか。（子罕篇）

子貢が言った。
「先生、ここに美玉があります。箱に収めてしまっておきましょうか、それとも善い買い手を探して売りましょうか。」

子貢の言葉の巧みさが光る会話です。孔子も子貢の本心を理解して答えています。以心伝心の師弟関係が見えてきます。

美玉とは孔子のことで、善賈とは立派な名君のことです。孔子が仕官を望んでいるのかいないのか。子貢が孔子の本心を探っています。美玉を箱にしまっておくのか、価値のわかる素晴らしい商人に売るのか。

孔子は子貢が何を求めているのかを察して答えています。

7月22日

子《し》曰《のたま》わく、之《これ》を沽《う》らんかな、之《これ》を沽《う》らんかな。我《われ》は賈《こ》を待《ま》つ者《もの》なり。（子罕篇）

先生がおっしゃった。
「売ろう、売ろう。私は善い買い手が現れるのを待っているのだ。」

「之を沽らんかな、之を沽らんかな。」ということは、また仕官して存分に力を尽くしたいということです。子貢は孔子の本音が知りたかったのです。先生がまだやる気があるのなら、仕官先を探してくるくらいの勢いが感じられ、さぞ嬉しかったでしょう。

孔子の人生はけっして順境ばかりではなく、不遇時代もありました。それでも衰えることのない情熱があったからこそ、多くの言葉を残せたことは明らかです。

南宮适《なんきゅうかつ》、孔子《こうし》に問《と》いて曰《い》わく、羿《げい》、射《しゃ》を善《よ》くし、奡《ごう》、船《ふね》を盪《うご》かす。倶《とも》に其《そ》の死《し》の然《しか》るを得《え》ず。禹《う》・稷《しょく》躬《みずか》ら稼《か》して天下《てんか》を有《たも》つ。（憲問篇）

南宮适が孔子にたずねた。
「羿は弓の名手であり、奡は地上で船を動かすほどの力持ちでありましたが、二人とも非業の死を遂げています。禹と稷は農業しながら天下の王になりました。」

南宮适は魯の国の大夫で徳を重んじた人と言われています。羿は夏《か》の時代の諸候でしたが、家臣の寒《かん》浞《そく》によって殺害されました。奡は寒浞の息子でやはり天寿を全《まっと》うできませんでした。一方、夏王朝の始祖である禹と周《しゅう》の先祖である稷は共に天子の座を譲り受けて、よく治めました。これはどういうことなのかと、南宮适がたずねました。

力はあってもその力が暴力や権力の乱用であっては治まりません。力ではなく徳を身につけているかいないかの差を表したたとえ話と言えます。

夫子《ふうし》答《こた》えず。南宮适《なんきゅうかつ》出《い》ずづ。子《し》曰《い》わく、君子《くんし》なるかな若《かくのごと》き人《ひと》。徳《とく》を尚《とうと》ぶかな、若《かくのごと》き人《ひと》。（憲問篇）

先生はお答えになりませんでした。南宮适がその場を去ったあと、先生がおっしゃった。
「君子であるなぁ、あの人は。力ではなく徳を尊ぶことが素晴らしい、あの人は。」

南宮适は羿や奡を今の為政者の姿に重ね、禹や稷を孔子に重ねたのではないでしょうか。孔子はそのような南宮适の思いを察したので、答えなかったのかもしれません。

南宮适が去った後に、孔子は彼を褒めています。歴史上の人物を挙げて人物評をする南宮适の知性や思慮に感心しています。出会った人を観察してどのように接するのか、孔子の言動は興味深いです。『論語』には様々な味わい方があります。

子《し》、衛《えい》の霊公《れいこう》の無道《むどう》を言《い》う。季康子《きこうし》曰《い》わく、夫《そ》れ是《かく》の如《ごと》くんば、奚《なん》ぞ喪《ほろ》びざる。（憲問篇）

先生が霊公の無道について話された。これを聞いた魯の大夫・季康子がたずねた。
「霊公が無道なのに、なぜ今の地位を失わずにいるのですか。」

衛の国の霊公は若い夫人に夢中で、政治を疎《おろそ》かにしていました。そのため季康子は、霊公がどうして王の地位を追われないのか不思議に思って、孔子に質問したと思われます。魯の国で権力をほしいままにしている季氏一族には霊公はどのように見えたのでしょう。

孔子は衛の国の内情を十分に理解していて、三人の人材を挙げて次ページのように説明しています。

孔子《こうし》曰《のたま》わく、仲叔圉《ちゅうしゅくぎょ》は賓客《ひんかく》を治《おさ》め、祝鮀《しゅくだ》は宗廟《そうびょう》を治《おさ》め、王孫賈《おうそんか》は軍旅《ぐんりょ》を治《なお》む。夫《そ》れ是《かく》の如《ごと》くなれば、奚《なん》ぞ其《そ》れ喪《ほろ》びん。（憲問篇）

先生がおっしゃった。
「衛の大夫・仲叔圉が外交にあたり、祝鮀が宗廟を司り、王孫賈が軍事を担っている。このようにそれぞれの人材が分担しているので、地位を失うことはないのだ。」

衛の国は三人の有能な大臣によってどうにか治まっています。この三人が忠臣であり続けるかどうかは分かりません。霊公のような君主に仕えていれば、いつか自分が権力者になりたいと思うかもしれません。よその国へ亡命するかもしれません。治まっているように見えても不安定な状況です。

優れた君主が治めれば、この三人のような優秀な家臣も一層仕事に励み、さらによき人材も育っていくでしょう。霊公に君主としての心得があれば衛の国は発展したでしょう。残念なことです。

7月27日

子曰《しのたま》わく、甚《はなは》だしいかな、吾《われ》が衰《おとろ》えたるや。久《ひさ》しいかな、吾《われ》復《ま》た夢《ゆめ》に周公《しゅうこう》を見《み》ず。（述而《じゅつじ》篇）

先生がおっしゃった。
「私も衰えたものだなぁ。周公の夢を見なくなって久しい。」

周公は周の文王の息子で、魯の国の始祖です。孔子が尊敬し、理想の為政者として常に心に置いてきた人物です。強く思い続けてきたのに、今は夢にも見なくなったと嘆いています。

孔子は自分の衰えを嘆いていますが、本当に衰えていたら、このような嘆きすら出てこないはずです。自分が理想とする人物像を持ち続けることは、素晴らしいことです。孔子が一生を通して徳治政治を目指してきた原動力は、偉大な先人たちの存在だったと言えます。

7月28日

子曰《しのたま》わく、已《やん》ぬるかな、吾未《われいま》だ徳《とく》を好《この》むこと色《いろ》を好《この》むが如《ごと》くなる者《もの》を見《み》ず。（公冶長篇）

先生がおっしゃった。
「ああ、なんとも仕方のない世の中になってしまったものだ。もう駄目だぁ。私は、まだ自分の過ちを見て、自分の心の中を責めるような人物を見たことがない。」

自らを省みることは、儒学の最も重要なことです。自分を修めることができなければ、ものごとの結果に対して責任を持たない、人のせいにする、そのような人物が増えます。

已ぬるかなは、深い嘆きを表します。もう駄目だというような強い気持ちを表現します。君子がいない、礼が廃れる、道が行われない、民の暮らしが厳しくなる。これらが孔子を絶望させました。絶望の言葉を発しながらも、諦めずに理想を求めようとする孔子の意欲には敬服します。

7月29日

孔子《し》曰《のたま》わく、生《う》まれながらにして之《これ》を知《し》る者《もの》は上《じょう》なり。学《まな》びて之《これ》を知《し》る者《もの》は次《つぎ》なり。（季氏《きし》篇）

先生がおっしゃった。
「生まれながら知る者は上の人、学んで知る者はその次の人である。」

人は生まれつき良い資質をたくさん持って生まれてきます。よい資質は生まれた後に磨くことが必要です。磨き方にはいろいろありますが、学ぶ段階では習熟度には個人差があります。7月8日の解説でも少しふれましたが、孔子は四つに分けています。

生まれつきものの道理まで理解し、徳を拠り所にした行動がとれる人。このような人はまれでしょう。天才と言えるような人です。学ぶことの重要性、必要性を自覚して学び、その結果道義を身につける人がその次の人です。

困《くるし》みて之《これ》を学《まな》ぶ者《もの》は又《また》其《そ》の次《つぎ》なり。困《くるし》みて学《まな》ばざるは、民《たみ》斯《これ》を下《げ》と為《な》す。（季氏篇）

先生の言葉の続き
「行き詰まってから学ぶ者はその次の人、困っても学ぼうとしない者は最低の人となす。」

行き詰まってから学び始める人はその次です。そして最後に、困っても学ばない人を挙げました。困っても学ばない人には、孔子にもどうすることもできません。自ら学ぶ気持ちになることが一番大事なことです。人と比べることは必要ありません。自分が結果に納得できること、達成感や満足感を味わえることが大事です。

積み重ねた小さい満足感が学ぶことの楽しさに繋がります。発憤する気持ちが自分の中から湧いてきたらいいですね。

7月31日

子曰《しのたま》わく、無為《むい》にして治《おさ》まる者《もの》は、其《そ》れ舜《しゅん》か。夫《そ》れ何《なに》をか為《な》すや。己《おのれ》を恭《うやうや》しくし、正《まさ》しく南面《なんめん》するのみ。（衛霊公篇）

先生がおっしゃった。
「自ら政務に携わらずに天下がよく治まったのは、舜であろうか。一体何をしたのだろうか。ただ自分の身を修めて、南面していただけだ。」

無為とは自然のままで、作為がないことです。最高の天子と言われた舜は、無為にして国が治まったと孔子が言いました。孔子が理想とした為政者の姿です。

無為の政治とは何もしないわけではありません。上に立つ者はまず自分の身を修めることができて、徳を拠り所にできる人物でなければなりません。そして人を観る目を持っていることも重要な要素です。よき人材を見極めて育てることができれば、組織はうまく機能します。現場を任せることができます。

上に立つ者が泰然として穏やかな存在になれば、皆が安心して励むことができるのです。

八月

8月1日

子曰《しのたま》わく、文《ぶん》は吾猶人《われなおひと》のごときこと莫《な》からんや。君子《くんし》を躬行《きゅうこう》することは、則《すなわ》ち吾未《われいま》だ之《これ》を得《う》ること有《あ》らず。（述而篇《じゅつじ》）

先生がおっしゃった。
「学問はどうやら私も人並みにできるようになったと思うが、君子の道を行うことは、まだまだできていないのだ。」

学問が人並みになったというのは、孔子の謙遜《けんそん》です。孔子の学問は既に深く広く、人の及ぶところではありません。そんな孔子が実践することの難しさを言っています。

学問は頑張ってここまできたけれど、実践がまだまだだなぁ。孔子の心の中はこんなだったのではないかと思います。孔子の求めた実践は、単なる行動ではなく、常に道義に則った行いです。孔子の目指すものはいつも高くて遠いところにあります。孔子ほどの人でも実践することは難しかったことが窺えます。難しいからこそ常に心がけて、学問にも研鑽《けんさん》を積んでいたのだと思います。

8月2日

子曰《しのたま》わく、人《ひと》の己《おのれ》を知《し》らざるを患《うれ》えず。人《ひと》を知《し》らざるを患《うれ》う。

（学而篇《がくじへん》）

先生がおっしゃった。
「人が自分の実力を知ってくれないことを心配すべきではない。自分が他人のことを知らないことの方が心配だ。」

人には認めてほしいという欲求があります。努力して成果を得られたら、正当に評価してほしいと思います。これは当たり前の欲求です。孔子も若い頃には、実力を認められて高い地位に就きたいと思っていたでしょう。経験を積んで社会の仕組みや人の思惑などを知ることになると、そのような欲求も変化してきます。自分が評価されることよりも、自分が周りの人間のことを正しく見極めているかどうかの方が重要であることに気づきます。その気づきによって、見える世界が変わります。

過去の自分の功績を誇る先輩よりも、自分の育てた後輩を自慢する人の方が魅力的です。孟子の述べた三楽にも、よき若者を育てる喜びが含まれています。

8月3日

子曰《しのたま》わく、君子《くんし》は矜《きょう》にして争《あらそ》わず、群《ぐん》して党《とう》せず。(衛霊公《えいれいこう》篇)

先生がおっしゃった。

「君子は誇りを持ち、自分には厳しいが、人とむやみに争うことはしない。多くの人と和すことはできるが、偏よった仲間作りはしない。」


矜には公正謹厳《きんげん》、ほこる、つつしむという意味があります。矜持《きょうじ》という言葉で知られている漢字です。矜持は自ら頼みとするものがあって自分自身に誇りを持つこと、自負を表します。

自分の信念に基づいて行動しますが、義を重んじて自分を抑制できる人が矜持のある人と言えます。そのような人は不必要な争いごとはしません。善悪の判断ができて心穏やかだからです。大勢の人と接する時にも和やかですが、偏った仲間と徒党を組んだりしません。

常に義に従い、人には寛大でいられるのが君子です。自分に自信がない、損得に心が惑わされる、そのような人は寛大にはなれないし、心通じ合う仲間にはなれません。

8月4日

子《し》夏《か》曰《い》わく、日《ひ》に其《そ》の亡《な》き所《ところ》を知《し》り、月《つき》に其《そ》の能《よ》くする所《ところ》を忘《わす》るること無《な》きは、学《がく》を好《この》むと謂《い》うべきのみ。（子張《しちょう》篇）

子夏が言った。
「毎日毎日、自分の知らなかったことを知り、毎月毎月、自分が知ったことを忘れないように努める。このようにできることが本当の学を好むというのだ。」

学問好きの子夏らしい言葉です。日々の学びは知識を深め、それを実践して本物の学問にしていく。これが子夏の理想です。そしてまさしく孔子の教えの実践と言えます。

かつて子夏は孔子から「君子の学者になれ、小人の学者になってはいけない。」と助言されました。小人の学者は知識だけの単なる物知りのことです。学問に熱中するあまり実践が疎《おろそ》かになっていたのかもしれません。

子夏は孔子の言葉の通りに実践し、次の世代の育成にも尽力しました。孔子の弟子たちは個性豊かです。それぞれの性格や人間性が加わって、次の時代に受け継がれていきました。学ぶことと実践することは一体です。子夏のような謙虚な気持ちを忘れずにいたいです。

子張《しちょう》問《と》う、士《し》何如《いか》なるを斯《ここ》に之《これ》を達《たつ》と謂《い》うべきか。子《し》曰《のたま》わく、何《なん》ぞや爾《なんじ》が謂《い》う所《ところ》の達《たつ》とは。子張《しちょう》対《こた》えて曰《い》わく、邦《くに》に在《あ》りても必《かなら》ず聞《き》こえ、家《いえ》に在《あ》りても必《かなら》ず聞《き》こゆ。

子張が質問した。「士とは達人だと思いますが、達とはどういうことでしょう。」
先生が聞き返された。「お前の考える達とはどういうことか。」
子張がお答えした。「国にあっても評判がよく、家に於いても評判がいい人を言うのだと思います。」

子張は四十八歳も孔子より若い弟子です。優秀でしたが、知識優先で深い思慮に欠けるところがありました。孔子は質問には答えずに、逆にどう思うかと聞いています。すぐに自分の考えを述べている点に、何やら子張の自信が感じられます。

社会人としても家庭人としても名前が知れている人だと答えました。自分は既にこのような域に達していると思っているからこそ言えた言葉のように思えます。

子曰《のたま》わく、是《こ》れ聞《ぶん》なり、達《たつ》に非《あら》ざるなり。夫《そ》れ達《たつ》なる者《もの》は、質直《しっちょく》にして義《ぎ》を好《この》み、言《げん》を察《さっ》して色《いろ》を観《み》、慮《おもんぱか》りて以《も》って人《ひと》に下《くだ》る。邦《くに》に在《あ》りても必《かなら》ず達《たっ》し、家《いえ》に在《あ》りても必《かなら》ず達《たっ》す。夫《そ》れ聞《ぶん》なる者《もの》は、色《いろ》仁《じん》を取《と》りて行《おこな》いは違《たが》う。之《これ》に居《お》りて疑《うたが》わず。邦《くに》に在《あ》りても必《かなら》ず聞《き》こえ、家《いえ》に在《あ》りても必《かなら》ず聞《き》こゆ。（顔淵《がんえん》篇）

先生がおっしゃった。
「それは単なる有名人で達人ではない。達人とは正直で義を好み、人の言葉を推察し、顔色を見抜き、謙虚な態度を取れる人のことだ。こういう人は、君にお仕えしても、家庭でもうまく行くはずだ。単なる有名人は仁者に見えても行いは異なり、しかもそのような生活に疑問を持たない。達人とは全く異なるのだ。」

孔子は子張の述べた人物像を単なる有名人と言いました。一見仁者に見えるので、人々はよき人物と思い、その評判が噂になっているだけなのです。本物の達人とは、徳のある人物と言えます。どのような場合でも義を踏み、人に対して寛大で自分に対しては厳しい態度が取れる人です。そして人に知られることを求めてはいません。

子張の人物の見方は表面的です。それを孔子は見抜いていたかのように、質問にはすぐに答えずに子張に語らせました。

孔子の教育者としての一面が表れています。

子曰《しのたま》わく、之《これ》を愛《あい》しては、能《よ》く労《ろう》すること勿《な》からんや。焉《これ》に忠《ちゅう》にしては、能《よ》く誨《おし》うること勿《な》からんや。（憲問篇《けんもんぺん》）

先生がおっしゃった。
「本当に愛したならば、どうしていたわり、励まさないことがあろうか。その人に対して真心があるならば、どうして心を込めて教え導かないことがあろうか。」

愛しているからこそ苦労もさせるけれど、そばにいて励まさずにはいられない。この感情は親子、師弟間で自然に湧いてくるものです。さらに真心をもって誠実に人に向き合っているからこそ真剣に教え導かずにはいられないのです。

愛情も偏ると、苦労をさせないことが愛情だと思い違いをすることがありますが、本物の愛情はその人にとってどうすることが一番良いのかを考えて、実行できることです。教えたい気持ちも同じです。その人の成長を助けて、見届けたいと思うのが人情です。叱ったり、認めたり、教えたり。人と関わることにはエネルギーがいります。様々な感情を越えて、寄り添いたくなるのが本物の愛情です。

子曰《しのたま》わく、詩《し》に興《おこ》り、礼《れい》に立《た》ち、楽《がく》に成《な》る。（泰伯篇《たいはくへん》）

先生がおっしゃった。
「人は詩によって心が奮い立ち、守るべき礼儀や決まりによって行動し、音楽によって人格が完成する。」

この章句は教養豊かな文化人の姿を言っています。学問を究めるだけでは十分でなく、文化教養を身につけて、魅力ある人になることを孔子は弟子たちに望んでいました。

人格形成は、人が持っているよき資質を詩によって掘り起こし、磨くことから始まります。孔子の門下生たちは『詩経《しきょう》』という書物を読むことが必修でした。

礼を身につけることは、社会人として必要不可欠です。どんなに感性が豊かでも社会のきまりごとが守れなければ、人間関係は築けません。

当時、音楽は社会の行事と密接に関係がありました。音楽を学ぶことで教養が養われます。詩、礼、楽が揃って文化人として完成されます。

8月9日

子曰《しのたま》わく、君子《くんし》は周《しゅう》して比《ひ》せず。小人《しょうじん》は比《ひ》して周《しゅう》せず。（為政《いせい》篇）

先生がおっしゃった。

「君子は誰とでも公平につき合い、偏りがない。小人は反対に、一部の人とばかりつき合って、広く人とつき合うことをしない。」


人づき合いには、その人の人柄が出るものです。そこには君子と小人の違いがあります。

周と比の解釈にはいくつか説がありますが、ここでは義と利に置き換えるとわかりやすいでしょう。君子は広く公平につき合うことができます。反対に小人は偏ったつき合い方をしてしまいます。誠実さでつながった関係と損得で結ばれた関係の違いです。損得でつながっている人は、得を優先して関係が壊れることもあります。人を妬《ねた》むこともあります。感情がぶつかり合うこともあるでしょう。誠実さや道義でつながった仲間は、助け合い励まし合うことで、信頼が深まり、長いつき合いができます。

8月10日

子曰《しのたま》わく、君子《くんし》は諸《これ》を己《おのれ》に求《もと》む。小人《しょうじん》は諸《これ》を人《ひと》に求《もと》む。

（衛霊公《えいれいこう》篇）

先生がおっしゃった。
「君子はなにごとも自分の責任と考えるが、小人は全ての責任を他人に押しつける。」

自分の言動に責任を持てるのが君子です。反対に責任逃れをして、人のせいにしてしまうのが小人です。この章句にも自ら省みることの大切さを説く孔子の思いが感じられます。

特に上に立つ者は、いかなる場合も自分の言葉と行いに責任を持たなければなりません。自分のミスを認めなかったり、部下のせいにしてしまったら、誰にも信頼されなくなります。

窮地に追い込まれた時ほど、その人の本当の姿が見えます。日頃から全てを受け止める度量のある人は、慌てることなく対処でき、またよき仲間にも恵まれるでしょう。自分を省みることができるかできないかで大きな差が生まれます。

子《し》、顔淵《がんえん》に謂《い》いて曰《のたま》わく、之《これ》を用《もち》うれば則《すなわ》ち行《おこな》い、之《これ》を舎《す》つれば則《すなわ》ち蔵《かく》る。唯《ただ》我《われ》と爾《なんじ》と是《こ》れ有《あ》るかな。

先生が顔淵に向かっておっしゃった。
「自分を認めてくれて登用されれば、全力で行い、世の中から見捨てられた時には、じっと隠れる。このような出処進退ができるのは、私とお前くらいだろう。」

孔子がしみじみと語っている様子が目に浮かびます。自分たちの能力を知って登用してくれる人がいたら、その人のために存分に力を発揮する。しかし誰も自分たちに気づかず見捨てられたなら、自暴自棄にならずに次のチャンスが来るまで研鑽《けんさん》を積みながら待とう。このような生き方ができるのは、自分と顔淵しかいないと孔子は言いました。

学問修養をするのは仕官することが第一の目的ではありませんが、自分の能力を発揮できる場所を得たら全力で仕える。その準備は平素からしておくことを孔子は心得ています。

用舎行蔵《ようしゃこうぞう》という四字熟語はこの章句が出典です。出処進退《しゅっしょしんたい》を弁《わきま》えていることを表します。

子路《しろ》曰《い》わく、子《し》、三軍《さんぐん》を行《や》らば、則《すなわ》ち誰《たれ》と与《とも》にせん。

子《し》曰《のたま》わく、暴虎《ぼうこ》馮河《ひょうか》し、死《し》して悔《く》ゆる無《な》き者《もの》は、吾《われ》与《とも》にせざるなり。必《かなら》ずや事《こと》に臨《のぞ》みて懼《おそ》れ、謀《はかりごと》を好《この》みて成《な》さん者《もの》なり。（述而《じゅつじ》篇）

孔子の話を聴いていた子路は勇ましく先生に質問した。「もし先生が大軍を指揮するとしたら、誰と一緒になさいますか。」

先生がたしなめるようにおっしゃった。

「虎と素手で戦ったり、黄河を歩いて渡ろうとして、死んでも後悔しないようなものとは行動を共にしない。事に望んでは恐れるくらい慎重に計画を立てて実行するような者と一緒に行動したいものだ。」


顔淵に対するやきもちが子路にはあったことが感じられます。学問修養の話題は顔淵に譲るとしても、軍事のことには自分の出番があると自信を持って孔子に質問しています。そんな子路の気持ちを察してか、暴虎馮河する者とは行かないときっぱり言いました。さぞ子路はがっかりしたことでしょう。暴虎馮河は『詩経』の中の詩の一節です。虎と素手で戦い、黄河を歩いて渡ることから、無謀なことのたとえです。

顔淵とは出処進退を、子路には軍事においては慎重さと綿密な計画が必要であることを語りました。それぞれに対する孔子の愛情が味わえます。

8月13日

子曰《しのたま》わく、吾《われ》知《し》ること有《あ》らんや。知《し》ること無《な》きなり。鄙夫《ひふ》有《あ》り、我《われ》に問《と》うに、空空如《こうこうじょ》たり。我《われ》其《そ》の両端《りょうたん》を叩《たた》きて竭《つく》す。（子罕《しかん》篇）

先生がおっしゃった。
「私は物知りであろうか。いやそうではない。もし知識のない者に本気で質問されたら、私は隅々までよく聞き、私が知っていることを残さず教える。そのために人は私を物知りというのかもしれない。」

孔子が知者であることは皆が認めていますが、それに対して孔子が謙遜して言った言葉だと思われます。学問修養をしていない知識のない者が一生懸命に質問してきた時に、孔子は手を抜かずに丁寧に対応します。隅々まで叩き尽くすように聞いて教えてあげます。未熟な者の質問は要領を得ないかもしれません。相手が何を聞きたいのか、何がわからないのかを引き出すためには、聞き手の能力が必要です。孔子はその能力にも長けていたことが想像できます。

相手が誰であっても真剣に問う姿勢を示したら、誠心誠意対応していたので、皆が私を知者だと思ったのだろう。孔子らしい表現です。

曾子《そうし》曰《い》わく、
士《し》は以《も》って弘毅《こうき》ならざるべからず。
任《にん》重《おも》くして道《みち》遠《とお》し。
仁《じん》以《も》って己《おのれ》が任《にん》と為《な》す。
亦《また》重《おも》からずや。
死《し》して後《のち》已《や》む。亦《また》遠《とお》からずや。（泰伯篇）

曾子が言った。
「士たる者は広い見識と包容力、そして強い意志とを持たなくてはならない。なぜならば、その任務が重く、遠い道のりだからである。さらに仁を実践しなければならない。なんと重いことではないか。しかもその任務は死ぬまで続くのである。なんと遠いことか。」

士について語られた名文です。簡潔な表現でありながら中身が重厚です。道に志し、人の上に立つ人は絶対に弘毅でなければならないと言い切りました。弘毅の弘は広い見識があり、人には寛大で包容力があることを示し、毅は強い意志と行動力があり、自分を律する厳しさがあることを示しています。

リーダーの心構えは、いつの世も変わりません。高い能力と共に矜持を持ち尊敬される人物であることを望みたいです。徳川家康の「人生は重き荷を背負うて遠き道を行くが如し」はこの章句を踏まえていると思われます。

子曰《しのたま》わく、我未《われいま》だ仁《じん》を好《この》む者《もの》、不仁《ふじん》を悪《にく》む者《もの》を見《み》ず。仁《じん》を好《この》む者《もの》は、以《も》って之《これ》を尚《くわ》うること無《な》し。不仁《ふじん》を悪《にく》む者《もの》は其《そ》れ仁《じん》を為《な》さん。不仁者《ふじんしゃ》をして其《そ》の身《み》に加《くわ》えしめざればなり。

先生がおっしゃった。
「私はまだ本当に仁を好む者、不仁を悪む者を見たことがない。仁を好む者にはこれ以上加えるものがない。不仁を悪む者はいつか仁を行えるようになるだろう。不仁を悪むので不仁の者から悪い影響を受けることはないだろう。」

仁者も不仁者を憎む者も見ないとは、それだけ世の中の道義が廃れてきたことを表しています。そしてその状況を孔子が嘆いています。

仁者に対しては何も心配することがありません。しかし不仁を憎むからと言って、その人が仁者とは言えません。仁の大切さを理解しているので、いつか仁者になる可能性があると孔子は言っています。

いまや仁を好む者だけではなく、不仁を憎む人も見なくなったという孔子の嘆きは深いです。だからと言って、世の中を諦めているわけではありません。

8月16日

能《よ》く一日《いちじつ》も其《そ》の力《ちから》を仁《じん》に用《もち》うること有《あ》らんか、我《われ》未《いま》だ力《ちから》の足《た》らざる者《もの》を見《み》ず。蓋《けだ》し之《こ》れ有《あ》らん。我《われ》未《いま》だ之《これ》を見《み》ざるなり。(里仁《りじん》篇)

先生の言葉の続き
「せめて一日だけでも仁を心がけて行えば、力が足りないということはない。とはいえ世の中には能力不足で仁を行えないという人がいるかもしれないが、私は未だにそのような人は見たことがない。」

たとえばたった一日でも、仁者になろうと努力すれば、できない人はいません。仁はその人の気持ち次第です。元々生まれながらに持っているのが仁です。それを発揮するかしないかはその人によるのです。だから孔子は能力がないことを理由にして、仁を発揮できないという人を見たことがないと言いました。

孔子は仁に関する言葉を多く残しています。仁はその人の思うように表せばいいので、みんな形は違っていていいと。自ら実践することが大事なのです。

8月17日

子曰《しのたま》わく、君《きみ》に事《つか》えて礼《れい》を尽《つく》せば、人以《ひともっ》て諂《へつら》うと為《な》す。（八佾《はちいつ》篇）

先生がおっしゃった。
「私が君に仕えるのを世間の人は媚《こ》び諂っているという。」

孔子の溜息が聞こえてきそうです。君に対して礼を尽くすことは当たり前なのに、それを媚びていると捉えられるのは心外だったでしょう。徹底して礼を重んじる孔子の態度を苦々しいと感じていた人が多かったということです。

君の権威が失われ、臣下の者が権力を握り、礼は廃れていました。今まで大事に継承されてきた伝統文化が省略されたり、形を変えたりしていた中で、礼の在り方を自ら実践して見せている孔子の意志の強さに感服します。

君に気に入られたくて媚びていると言っている人こそが媚びている人なのです。

8月18日

或《あ》るひと曰《い》わく、雍《よう》や仁《じん》なれども佞《ねい》ならず。子曰《しのたま》わく、焉《いずく》んぞ佞《ねい》を用《もち》いん。人《ひと》に禦《あた》るに口給《こうきゅう》を以《も》ってすれば、屡々《しばしば》人《ひと》に憎《にく》まる。其《そ》の仁《じん》を知《し》らず。焉《いずく》んぞ佞《ねい》を用《もち》いん。（公冶張篇《こうやちょう》）

或る人が「雍は仁者だが雄弁家ではない。」と言った。先生がおっしゃった。「何も弁が立つ必要はない。人に対して口数が多いと憎まれることが多い。弁が立つ必要はないのだ。」

雍は仲弓という優秀な弟子のことです。孔子が「雍や、南面すべし」と言った人物です。南面は部屋で一番高い席です。北を背にして座る席です。仲弓は南面に座れるほどの人物ということです。

或る人が仲弓のことを仁者だが、残念なことに寡黙であると評しました。これに対して孔子は口達者である必要はないときっぱりと言いました。或る人は仁者でその上、雄弁家であることが優秀な政治家だと思っていたのでしょう。その考えを否定しました。必要な時に正しいことが言えて、余計なおしゃべりはしないのが君子だと。孔子の考える君子像の一端が見えます。

子曰《しのたま》わく、賢《けん》なるかな回《かい》や。一簞《いったん》の食《し》、一瓢《いっぴょう》の飲《いん》、陋巷《ろうこう》に在《あ》り。人《ひと》は其《そ》の憂《うれ》いに堪《た》えず。回《かい》や其《そ》の楽《たのしみ》を改《あらた》めず。賢《けん》なるかな回《かい》や。（雍也《ようや》篇）

先生がおっしゃった。
「なんと賢明なのだろう、回は。一碗の飯、一椀の汁。むさくるしい路地裏に住んでいて、普通の人なら堪えられない環境でも、道を学ぶことを楽しんでさえいる。なんと立派なのだろう、回は。」

回は顔淵のことです。門下生の中で最も優秀で、孔子は学ぶ姿勢と人柄を絶賛しています。ここでは生活ぶりを言っています。雨漏りするような質素な住まいで一汁一菜の生活をしています。米櫃《こめびつ》が空になることもしばしばだったようです。そのような環境を気にもせず道を求め、学問修養に励む姿を孔子は心底感心しています。

孔子の教えをすぐに理解し実践できるので、私に何もさせてくれないと言っています。若くして亡くなり、孔子の嘆きの深さは言葉に尽くせないほどでした。

王孫賈《おうそんか》問《と》いて曰《い》わく、其《そ》の奥《おう》に媚《こ》びんよりは、寧《むし》ろ竈《そう》に媚《こ》びよとは、何《なん》の謂《い》いぞや。子《し》曰《のたま》わく、然《しか》らず。罪《つみ》を天《てん》に獲《う》ば、祈《いの》る所《ところ》無《な》きなり。（八佾篇）

王孫賈が「奥の神様に媚びるよりは、かまどの神様に媚びよ、という諺がありますが、どういう意味でしょうか。」と孔子にたずねた。

先生がおっしゃった。

「それは間違っています。どの神様のご機嫌も取る必要はありません。罪を犯せば天が罰します。どの神様に祈っても無駄です。」

王孫賈は衛の国の大夫で、軍事を担当する実力者でした。彼がたずねた古い諺を孔子は一言で否定しました。特定の神様にお願いするのではなく、天に対して恥ずかしくない行動を執ることが大事だと説いています。

王孫賈は、この国で地位を得たいのなら、奥座敷に居る王よりも私に媚びた方がいいということを暗に孔子に伝えています。孔子が諺そのものを否定したことで自分にはなびかないことを悟ったでしょう。人の道を説く孔子にとって、高い地位に魅力はありません。孔子の求める本質を見極められない王孫賈の人間性も露呈しています。

8月21日

儀《ぎ》の封人《ほうじん》見《まみ》えんことを請《こ》う。曰《い》わく、君子《くんし》の斯《ここ》に至《いた》るや、吾《われ》未《いま》だ嘗《かつ》て見《まみ》ゆること得《え》ずんばあらざるなり。従者《じゅうしゃ》之《これ》を見《まみ》えしむ。

孔子が諸国を訪ね歩く途中で、衛の国境近くの儀の関所を通る時に、関所の役人が孔子に面会したいと申し出た。そして「立派な方が通る時には、必ずお目にかかっております。」と言った。そこで弟子たちは孔子に面会させた。

孔子が魯の国を出た、五十代半ばの頃のことと思われます。弟子と共に諸国を巡り始めていた時の出来事です。衛の国の関所を通った時に関所の役人に呼び止められます。弟子たちはきっと不審に思ったでしょう。役人はただ者ではない人物が通った時には面会して、話をすることにしているというのです。孔子を呼び止めた役人もただ者ではない感じがします。

8月22日

出《い》でて曰《い》わく、二三子《にさんし》、何《なん》ぞ喪《うしな》うことを患《うれ》えんや。天下《てんか》の道《みち》無《な》きや久《ひさ》し。天《てん》将《まさ》に夫子《ふうし》を以《も》って木鐸《ぼくたく》と為《な》さんとす。（八佾篇）

やがて面会を終えて出てきた関所の役人が、待っていた弟子たちに向って言った。
「あなたたちは、先生が国を去ったことを悲しむことはありません。道義が廃れて久しいので、先生が木鐸となって正しい道を天下に知らしめる役目をしてるのですから。」

先生が面会を終えて出て来るのを、弟子たちは不安な気持ちで待っていました。そんな弟子たちの表情を察したような口調で関所の役人が語りかけています。

木鐸とは、政府の命令を人々に知らせる時に役人が鳴らしながら触れ回る鐘のことです。孔子を木鐸に見立てて、人々に道を説き、諸国の安寧を実現するために、その先頭を行く役割を担っていて、諸国を巡るのはそのためだと語っています。国を出て放浪している先生の不遇を嘆き、しかも旅の疲れもあったはずですが、この役人の言葉に弟子たちの心も救われたに違いありません。

8月23日

子曰《しのたま》わく、古《いにしえ》の民《たみ》に三疾《さんしつ》有《あ》り。今《いま》や或《あ》るいは是《こ》れ亡《な》きなり。古《いにしえ》の狂《きょう》や肆《し》、今《いま》の狂《きょう》や蕩《とう》なり。古《いにしえ》の矜《きょう》や廉《れん》、今《いま》の矜《きょう》や忿戻《ふんれい》なり。古《いにしえ》の愚《ぐ》や直《ちょく》、今《いま》の愚《ぐ》や詐《いつわり》のみ。(陽貨《ようか》篇)

先生がおっしゃった。

「昔の人には三つの欠点があったが、その反面それに伴う長所もあった。しかし今やそれすらなくなった。昔の狂は志が大きすぎて、好き勝手をするが、細かいところにこだわらない良さがあった。しかし今の狂はでたらめでとりとめがない。昔の矜は自ら持する誇りがあり、厳格すぎるところがあったが、今の矜は怒りや人と争う強さしかない。昔の愚は率直で何の作為も無かったが、今の愚にはずるさがある。」

欠点と長所は裏腹と言います。しかし欠点の質が変わってきたと、孔子は嘆いています。

昔は大きなことを言って勝手なことをしても人に迷惑をかけない節度がありました。今はただの無責任です。昔の人は誇り高く、孤独を楽しむようなところがありましたが、今では人と争う強さだけになりました。昔は愚直で何も他意がありませんでしたが、今では単なるずるさしかありません。現代に通じる内容であることがわかります。狂、矜、愚も自己修養によって大きな欠点にならず、またさらに長所にもなります。一生、学び続けることの意義を痛感します。

或《あ》るひと子産《しさん》を問《と》う。

子《し》曰《のたま》わく、恵人《けいじん》なりと。

子西《しせい》を問《と》う。

曰《い》わく、彼《かれ》をや彼《かれ》をやと。

管仲《かんちゅう》を問《と》う。

曰《のたま》わく、人《ひと》や、伯氏《はくし》の駢邑三百《べんゆうさんびゃく》を奪《うば》う。

疏《そ》食《し》を飯《くら》い、歯《よわい》を没《ぼっ》するまで、怨言《えんげん》無《な》し。（憲問篇）

或る人が子産について孔子にたずねた。

先生がおっしゃった。「あの人は仁愛深い人。」

次に子西についてたずねた。

先生がおっしゃった。「あの人か～。あの人か～。」

さらに管仲についてたずねた。

先生がおっしゃった。「たいした人物だ。彼は斉の大夫・伯氏の罪を正し、駢邑という領地を没収し、伯氏は困窮したが怨み言を言わなかった。彼の処置が正しかったからだ。」


或る人が三人の人物について孔子に質問しています。子産は鄭の国の公族で賢大夫と言われた人物です。民に恵み深く、民を使う時にも道理に適っていました。子西は同じく鄭の大夫ですが、語るほどではなかったようで、問題にしていません。

管仲は斉の名宰相と言われた人物です。領地を没収された伯氏でさえも、管仲を恨まなかったと言っています。管仲の裁定が正しく、自分達に非があったことを認めているからです。管仲は桓公に仕えて諸侯の覇者とし、天下を平定した功績があります。子産と管仲を孔子が高く評価していることがわかります。

8月25日

子路《しろ》君子《くんし》を問《と》う。子曰《しのたま》わく、己《おのれ》を修《おさ》めて以《も》って敬《けい》す。曰《い》わく、斯《かく》の如《ごと》きのみか。子曰《しのたま》わく、己《おのれ》を修《おさ》めて以《も》って人《ひと》を安《やす》んず。


子路が君子とはどのような人物かとたずねた。

先生がおっしゃった。

「自分の身を修めて、民には慎み深い態度で接することだ。」

腑に落ちない子路が重ねて聞いた。

「そんなことくらいで君子と言えますか。」

先生がおっしゃった。

「そうだ、まず己を修養して、そして民を安心させるのが君子だ。」


孔子の言葉は実にシンプルです。まず自分の身を修めること。そして民には慎み深い態度で臨む。子路は物足りなかったのでしょう。それだけでいいのかと聞き直します。もっと現場で活かせる具体的なことを期待していたようですが、孔子は根源的なことを子路に気づかせたかったのだと思います。強い行動力で引っ張っていくタイプの子路には、謹み深い態度と人の気持ちを慮《おもんぱか》る慎重さを身につけてほしかったのです。一見当たり前のことを継続することの大切さを伝えています。

8月26日

曰《いわ》く、斯《か》くの如《ごと》きのみか。子曰《しのたま》わく、己《おのれ》を修《おさ》めて以《も》って百姓《ひゃくせい》を安《やす》んず。己《おのれ》を修《おさ》めて以《も》って百姓《ひゃくせい》を安《やす》んずるは、堯舜《ぎょうしゅん》も猶《なお》諸《これ》を病《や》めり。（憲問篇）

子路がさらにたずねた。

「本当にそれだけでいいのですか。」

先生がおっしゃった。

「自分の身が修まれば、その影響が自然に行きわたり、民を安んずることになるのだ。これは天子と言われた堯や舜でさえも実践することに苦労していたのだ。」


孔子は子路が重ねて聞いてくるので、具体的に答えています。なぜまず自分の身を修めることが大事なのか。上に立つ者が修養して徳を磨けば、そのよき影響が必ず民にまで及ぶことになる。だからこそ自分を省みて、自己修養することが第一に必要なのだ。これが孔子の考え方です。君子には感化する力があるのです。その人の存在そのものが人々によい影響を及ぼすようになることが理想なのです。

子路には孔子の思いがどこまで届いたでしょうか。既に決断力、実行力のある子路に深い思慮が加わったら鬼に金棒です。

8月27日

子《し》曰《のたま》わく、上《かみ》礼《れい》を好《この》めば、則《すなわ》ち民《たみ》使《つか》い易《やす》し。（憲問篇）

先生がおっしゃった。

「上に立つ者が礼を好めば、その影響が下にも及び人々が礼を身につけて人間関係もよくなり、世の中がよく治まるようになる。そうすれば民も気持ちよく動いてくれるようになる。」


全ては上の者の意識と態度で決まっていくのです。上が横暴であれば、民は恐怖を感じて安心して暮らせません。上の者の不正を正すこともできません。上に立つ者が慈愛深ければ、民の心も安らぎ、気持ちよく働いてくれるでしょう。人はうまく行かなかった時に、原因を外に求めがちですが、まず自分を振り返ってみると、原因は自分にあることに気づきます。

驕った態度は決して人を幸せにはしません。

8月28日

有子《ゆうし》曰《い》わく、信《しん》、義《ぎ》に近《ちか》ければ、言《げん》復《ふ》むべきなり。恭《きょう》、礼《れい》に近《ちか》ければ、恥辱《ちじょく》に遠《とお》ざかる。因《よ》ること、其《そ》の親《しん》を失《うしな》わざれば、亦《また》宗《そう》とすべきなり。（学而篇）

有子が言った。
「言葉が信に則っていて道理に適っていれば、言った通りに実行し、恭《うやうや》しくすることが礼に適っていれば、恥をかくこともない。親族のつき合いや人間関係を正しくできることも尊敬に値する。」

孔子の弟子・有子の言葉です。信は言葉に偽りがないという意味の字です。言葉が正しくて、道理に適っていたら、その言葉通りに実行してもいい、丁寧な態度も礼に適っていたら、恥を欠くこともない、こんな表現をしています。

言葉に嘘はないけれど、そもそも正しいことを言っているのか、丁寧な態度だけれども、下心があって媚びているのではないか。これらを見極められることが大事です。

人づき合いにも親しく長く交際できる人とそうでない人がいます。親戚づきあいも人との交際も、相手の気持ちを察してうまく続けることが望ましいです。

孔子《こうし》曰《のたま》わく、君子《くんし》に九思《きゅうし》有《あ》り。視《み》るには明《めい》を思《おも》い、聴《き》くには聡《そう》を思《おも》い、色《いろ》には温《おん》を思《おも》い、貌《ぼう》には恭《きょう》を思《おも》い、

先生がおっしゃった。
「君子には九つの巡らせるべき思いがある。視る時にははっきりと見る、聴く時には賢く聞き分ける、表情は温和に、立ち居振る舞いは丁寧に品よくする。」

君子は全方位に気配りをし、公平に人とつき合うことが要求されます。孔子は心がけるべき点を九つにまとめました。

見る時には明らかにはっきりと見極める、聴く時にはよく考えて聞き分ける。これは先入観や自分の好みなどは一切入れず、濁りのない心で観るもの、聴くものを判断するということです。

上に立つ者は日頃の表情や振る舞いも人から見られています。やはり温和な表情で、心配りのできる行動は好ましいです。

言《げん》は忠《ちゅう》を思《おも》い、事《こと》には敬《けい》を思《おも》い、疑《うたが》いには問《もん》を思《おも》い、忿《いかり》には難《なん》を思《おも》い、得《う》るを見《み》ては義《ぎ》を思《おも》う。（季氏《きし》篇）

先生の言葉の続き
「言葉には真心を込めて、仕事に臨む時には慎重さを忘れずに。疑問があれば速やかにわかる人に聞き、腹が立った時には、その怒りの感情のままに行動した後のことを十分に考える。そして利益があった場合には、道義に適っているかどうかを思う。」

言葉遣いには、その人の内面が表れます。人へ慮りがあれば、言葉遣いも変わってきます。仕事には慎重さが大事です。通常の仕事には慣れがあります。経験を積んできたことには自信もあります。そのような時にこそ油断せず慎重さを忘れないようにしたいです。

疑問や納得できないことは、人に聞いて解決する努力をする。ちょっとした違和感も抱えたままにしないことが大事です。怒りの感情は自分でコントロールできることが望ましいです。感情のままに行動すると、必ず反動がきます。最後に利と義が挙げられています。必ず義に則った利であることが最優先です。これらが九つの思いです。

8月31日

子曰《しのたま》わく、君子《くんし》は小知《しょうち》せしむべからずして、大受《たいじゅ》せしむべきなり。小人《しょうにん》は大受《たいじゅ》せしむべからずして、小知《しょうち》せしむべきなり。

（衛霊公篇）

先生がおっしゃった。
「君子は小さな細々したことはできないが、重大なことは任せられる。小人は大きなことはできないが、細々したことは十分にできる。」

君子と小人のそれぞれの役目を言っています。大きな視野に立って、判断し指示を出すのが君子です。そのためには人やものごとの見通しを持てること、人を公平に見極められること、言動に一貫性があることなど多くの要素が必要になります。一つ一つの細かいことには関われません。

小人は大局に立って指示を出すことはできません。その一方で、細々した仕事はこなすことができます。小人の才知はまだ大きなことを成し遂げるほどではありませんが、多くの細かいことには順応して、十分にこなせるのです。

九月

9月1日

子曰《しのたま》わく、仁遠《じんとお》からんや。我《われ》仁《じん》を欲《ほっ》すれば、斯《ここ》に仁《じん》至《いた》る。（述而《じゅつじ》篇）

先生がおっしゃった。
「仁は私たちから遠くに離れたものであろうか。いや、そうではない。自分から進んで仁を求めれば、仁はすぐ目の前にやってくるのだ。」

仁は私たちが持って生まれた徳性の一つです。せっかく持っているのなら、発揮しないのはもったいないです。何ごとも実践することを孔子は重視しています。

知識や技術は修養して身につけて磨いていくものですが、仁は修養して得るものではありません。元々持っているものですから、実践して形にすることで磨かれていきます。仁を発揮することは、人と関わり、ものごとに対応することでもあり、そこには煩わしさや後悔があるかもしれません。その一方で、仁を形にするからこそ、人の優しさや温かさにも触れられるのです。

9月2日

子曰《しのたま》わく、人《ひと》にして仁《じん》ならずんば、礼《れい》を如何《いかん》せん。人《ひと》にして仁《じん》ならずんば、楽《がく》を如何《いかん》せん。（八佾《はちいつ》篇）

先生がおっしゃった。
「もしも人間でありながら、仁の心を失ったら礼をどうするというのか。仁の心を失ったら、楽をどうするというのか。」

礼は人の心を形に表したもので、秩序や規範とも言えます。人と人がうまくつき合っていくための心遣いです。そして先祖や自然に対する敬意を表すものでもあります。これらが如実に表れるのが冠婚葬祭の儀礼の時と言えます。

楽は音楽です。詩を歌いながら舞うことです。そこには人々の感情が含まれていて、楽はその発露と言えます。

礼と楽はどちらも本質は心のあり方です。元々人の心に内在している仁がなかったら、礼も楽も形式だけの空しいものになってしまいます。

華美な形式で権力を誇示するだけになってしまったことへの孔子の嘆きの言葉です。

9月3日

子《し》曰《のたま》わく、憤《ふん》せずんば啓《けい》せず、悱《ひ》せずんば発《はっ》せず。一隅《いちぐう》を挙《あ》ぐるに、三隅《さんぐう》を以《も》って反《はん》せずんば、則《すなわ》ち復《ふたたび》せざるなり。（述而篇）

先生がおっしゃった。
「疑問を解決したいと思う気持ちが溢れそうなくらい盛り上がらなければ、これをひらき教えようとは思わない。言いたいことがあるのにうまく言えなくて、口をもごもごするほどにならなければ、ひらき導かない。たとえば四角いものの一隅を取り上げて示すと、残りの三隅を自分から工夫し解決しようとしなければ、重ねて教えることをしない。」

厳しい言葉のように聞こえますが、学ぶ者の姿勢としては当たり前です。やる気のない者に教えることはなんと空しいことでしょう。優秀であるかどうかではなく、学ぶ意欲があるかないかが問題です。

自ら考え、疑問を解決したいと強く思う者には誠意を持って教え導こう。ひとつのヒントを得たら、残りはまず自分でやってみる。そんな若者に私は教えたい。孔子の教育者としての強い気持ちが伝わってきます。学ぶ喜びと苦しさの両方を知っている孔子だからこそ言える言葉です。初心にかえって学ぶことに真摯に向かい合いたいです。

啓発はこの章句が出典です。

9月4日

子曰《しのたま》わく、人《ひと》にして信《しん》無《な》くんば、其《そ》の可《か》なるを知《し》らざるなり。大車《たいしゃ》に輗《げい》無《な》く、小車《しょうしゃ》に軏《げつ》無《な》くんば、其《そ》れ何《なに》を以《も》って之《これ》を行《や》らんや。（為政篇《いせいへん》）

先生がおっしゃった。
「人でありながら信がなかったら、どうにもできない。もし牛車に輗がなく、馬車に軏がなければ、どうして車を進めることができるだろうか。」

信は言葉に偽りがない、約束を守るということを表します。人との関係をよくする役目です。信が無いことが人にとってどれほど大きな欠点かを語っています。

牛が引く車には輗という部分、馬が引く車には軏という部分があります。どちらも牛や馬と車をつなぐ大事な部分です。これらがなければ車を進めることはできません。牛や馬がいて、車もあったとしても、全く役に立ちません。人でありながら信がないということは、これと同じだと孔子は言いました。牛車や馬車を見るたびに弟子たちは、孔子の言葉を思い出すことになります。孔子の優れた表現力を感じます。

9月5日

有子《ゆうし》曰《い》わく、礼《れい》の和《わ》を用《もっ》て貴《たっと》しと為《な》すは、先王《せんおう》の道《みち》も斯《これ》を美《び》と為《な》す。

有子が言った。
「礼を行う時には調和が大事である。古の王もこのようなやり方を美しいとしていたのだ。」

礼は社会の規範や秩序です。秩序は法律とは異なります。人々の気持ちが寄り添ってできるものです。それを実行する時にも歩み寄りや調和が必要です。

先人たちは礼と和は切り離さずに行ってきました。自分たちはそれを踏襲しているだけだと有子は言っています。

9月6日

小大《しょうだい》之《これ》に由《よ》れば、行《おこな》われざる所《ところ》あり。和《わ》を知《し》りて和《わ》すれども礼《れい》を以《も》って之《これ》を節《せっ》せざれば、亦《また》行《おこな》うべからざるなり。(学而篇《がくじ》)

有子の言葉の続き
「しかし大小の様々な事柄も和だけではうまくいかないことがある。和の大切さを理解しながらも、和に偏ることなく礼によって節度を持って行うことが必要である。」

和によってスムーズにものごとを運ぶことは大事ですが、全てのことを和に頼り過ぎると却ってものごとはうまくいかなくなります。厳格に秩序を守ることも、世の中を治めていく時には必要です。礼と和のよきバランスがあってこそ、和の重要性も活かされます。和を求め、和を優先したい時もあります。それが人間関係を円滑にすることがわかっているからです。しかし礼によって、ある一定の行動規範が示されるのですから、和を優先しすぎて礼から離れてはいけないです。礼が行動という外面を表しているとすると、和は歩み寄りという内面を表しています。どちらかに大きく偏らないように意識したいです。

9月7日

子曰《しのたま》わく、君子《くんし》、博《ひろ》く文《ぶん》を学《まな》び、之《これ》を約《やく》するに礼《れい》を以《も》ってせば、亦《また》以《も》って畔《そむ》かざるべきかな。（雍也《ようや》篇）

先生がおっしゃった。
「君子は幅広く学んで教養を豊かにすると共に、身につけたものを実行する時には礼に則って実行する。そうすれば人の道に背くことはないだろう。」

広く深く豊かに学ぶことを孔子は求めますが、それだけでは意味がありません。身につけた知識や技術を実行することが必須です。行動することで人は磨かれていきます。よき人物になることを目指しているのですから、学んだだけでは単なる物知りで終わってしまいます。

では実行できれば、それだけでいいのでしょうか。それでは不十分です。社会人として、秩序ある、正しい行いを心がけなくてはいけません。教養、行動、礼。どれも欠けてはいけないのです。

9月8日

子曰《しのたま》わく、与《とも》に言《い》うべくして之《これ》と言《い》わざれば、人《ひと》を失《うしな》う。与《とも》に言《い》うべからずして之《これ》と言《い》えば、言《げん》を失《うしな》う。知者《ちしゃ》は人《ひと》を失《うしな》わず、亦《また》言《げん》を失《うしな》わず。(衛霊公篇《えいれいこうへん》)

先生がおっしゃった。
「共に語るべき相手と語らなければ、その人を失うことになる。話す必要のない人と話していると、失言することになる。知者は人も言葉も失うことがない。」

現代の私たちこそ心に留めたい金言です。誰と語るべきなのか、人物を見極める目を持つことが肝心です。尊敬できる人物、それぞれの道で名を成した人、憧れの人。様々な魅力的な人がいます。出会えたなら是非話しかけてみましょう。二度と出会えないかもしれません。遠慮は無用です。

自分の意識を高く持っていれば、出会う人の質も変わるはずです。よき人物の話は聞いてみたくなるはずです。心が通じない人と無駄な会話をして、そこで失言を生んでしまったら、残念なことです。誰と縁をつないでいくかは、その人自身によります。誰のせいでもありません。

顔淵《がんえん》・季路《きろ》侍《はべ》る。

子《し》曰《のたま》わく、盍《なん》ぞ各々《おのおの》爾《なんじ》の志《こころざし》を言《い》わざる。

子路《しろ》曰《い》わく、願《ねが》わくは車馬《しゃば》衣《い》裘《きゅう》、朋友《ほうゆう》と共《とも》にし、之《これ》を敝《やぶ》りて憾《うら》み無《な》からん。

顔淵《がんえん》曰《い》わく、願《ねが》わくは善《ぜん》に伐《ほこ》ること無《な》く、労《ろう》を施《ほどこ》すこと無《な》からん。


弟子の顔淵と子路が先生の傍に侍っている時に先生がおっしゃった。

「どうだ、お前たちの志を言ってごらん。」

子路が即座に言った。

「車でも、馬でも、上等な上着や毛皮の外套も友人と共有して、もしボロボロになってても惜しいと思わないようになりたいです。」

続いて顔淵が言った。

「善いことをしても自慢せず、苦労を伴うことは人には押し付けずに、自分から進んでするようにしたいです。」


心許した古参の弟子との和やかな雰囲気が伝わってきます。それぞれの性格が出ているのも味わい深く、楽しいです。

子路は友情について話しました。自分の所有するものも、友達と分け合い、もしも壊れたり、破れても文句を言わない人物を理想としています。一方、顔淵は謙虚な人柄そのままに、自らに厳しく、人への配慮を語りました。

傍《かたわ》らで穏やかな表情で聞いている孔子の姿が目に浮かびます。

9月10日

子路《しろ》曰《い》わく、願《ねが》わくは子《し》の志《こころざし》を聞《き》かん。子《し》曰《のたま》わく、老者《ろうしゃ》は之《これ》を安《やす》んじ、朋友《ほうゆう》は之《これ》を信《しん》じ、少者《しょうしゃ》は之《これ》を懐《なつ》けん。（公冶張《こうやちょう》篇）

子路が言った。
「先生の志をお聞かせ下さい。」
先生がおっしゃった。
「年寄りは安心するように、友だちは信頼し合い、若者は懐くようにしたいものだねぇ。」

孔子の視野は広く社会に向きながら、自分の行いを見つめています。孔子の述べたような世の中が実現すれば、それこそが孔子の求めていた理想の社会です。

年配の人々が安心して暮らし、友だち同士は信頼し合い、社会で共に活躍する、そして若者は年上の人に懐き可愛がってもらう。当たり前のことなのにできていなかったのが、当時の社会情勢です。

子路の質問に答えることで、孔子が心の内を語ってくれました。

子《し》曰《のたま》わく、父《ちち》在《いま》せば其《そ》の志《こころざし》を観《み》、父《ちち》没《ぼっ》すれば其《そ》の行《おこない》を観《み》る。三年《さんねん》父《ちち》の道《みち》を改《あらた》むる無《な》くんば、孝《こう》と謂《い》うべし。（学而篇）

先生がおっしゃった。
「父親が存命中はよく父親の気持ちを察して、その志に違わないようにする。父の没後は、その行いを観てそれを継承する。そうして三年間は、父のやってきたことを改めずに喪に服すのが親孝行というものだ。」

父母がなくなった時には三年の喪《も》に服することが当たり前だった時代から、その慣習が徐々に失われつつあったのが孔子の時代です。

たとえば父親が亡くなり家督や家業を継ぐ場合、いきなり新体制に変えるのではなく、せめて三年くらいは父親の仕事の仕方や築いてきた人間関係などを大事にするように孔子は説いています。後継者となれば、自分のやり方でものごとを進めたくなります。人事も一新したくなるかもしれません。そんな気持ちを少し押さえて、父親の踏んできた道を振り返ってみようということです。親孝行の考え方も変化し、社会情勢が不安定になったことで、孔子が理想とする慣習は廃れていきました。

孟武伯《もうぶはく》、孝《こう》を問《と》う。子曰《しのたま》わく、父母《ふぼ》は唯《ただ》其《そ》の疾《やまい》を之《これ》憂《うれ》う。（為政篇）

孟武伯が孔子に親孝行についてたずねた。
先生がおっしゃった。
「父母がただただ子どもの病気を心配するものです。健康でいることが一番の親孝行です。」

親が子どもを思う気持ちはいつの世も変わりません。健康を願っています。孟武伯は若くして魯の国の大夫になりました。病弱だったという説もあります。父母は要職を継いだ我が子の健康が一層気がかりだったかもしれません。

孟武伯の父親・孟懿子も孔子に親孝行についてたずねています。孔子は礼に違わぬ行いをすることだと言っています。孟氏の一族は権力をほしいままにして君主を凌ぐ勢いでした。その非礼を諫めるために、礼に違わぬように言ったと想像できます。孔子は親と子にそれぞれに相応しい答え方をしています。孟武伯への答え方から、彼が穏やかな性格だったのではないかと感じられます。

子《し》曰《のたま》わく、士《し》にして居《きょ》を懐《おも》うは、以《も》って士《し》と為《な》すに足《た》らず。

（憲問篇《けんもんぺん》）

先生がおっしゃった。
「士といわれる者で安楽な生活を求めるようでは、本物の士とは言えない。」

士とは志があり、それを実行できる立派な人物です。政治家や官僚と言えます。そのような責任ある立場の人物は、自分の生活の安定を願うようでは、まだまだ本物の士とは言えないのです。公益を最優先して民のために働く覚悟が必要です。

孔子がこのような言葉を発したのは、実際に自分の安寧を優先する人が増えてきたからでしょう。孔子の弟子たちも、士とはどのような人物なのか孔子にたずねています。孔子門下ではたびたび論じられた重要なテーマだったと思われます。

9月14日

子《し》、仲弓《ちゅうきゅう》に謂《い》いて曰《のたま》わく、犂牛《りぎゅう》の子《こ》も、騂《あか》くして且《か》つ角《つの》ならば、用《もち》うること勿《な》からんと欲《ほっ》すと雖《いえど》も、山川《さんせん》其《そ》れ諸《これ》を舎《す》てんや。(雍也篇)

先生が仲弓のことをおっしゃった。
「まだら毛の牛の子であっても、赤毛で角が立派であれば、祭礼のお供えに用いることはしないと決めても、山川の神々が捨てておくはずがない。」

孔子は仲弓のことを南面させてよい人物だと言っています。南面は最も位の高い立派な人物が座した場所です。仲弓はそれほどの人物だったことがわかります。

仲弓の父親は評判のよくない人物で仲弓がそれを悲観していたと言われています。そのような仲弓の心中を察して、孔子が励ましの言葉を言いました。父親を犂牛にたとえました。犂牛はまだら毛の普通の牛です。仲弓を騂毛で立派な角を持つ牛にたとえました。当時、赤は尊重される色でした。

人にとって大切なことは身分や血統ではなく、本人の志や精神の在り方で、それに基づく行動だと孔子は伝えたかったのです。

子曰《しのたま》わく、之《これ》を道《みちび》くに政《まつりごと》を以《も》ってし、之《これ》を斉《ととの》うるに刑《けい》を以《も》ってすれば、民免《たみまぬか》れて恥《はじ》ずること無《な》し。

先生がおっしゃった。
「法令や命令だけで国を治め、これに従わない者を刑罰によって統制すれば、民は刑罰を免れさえすればいいと考えて、悪事を働いても恥ずかしいと思わなくなる。」

法治国家が悪いわけではありませんが、孔子はその上の徳治政治を求めました。法令や法律は民に対して強制的になることがあります。それを窮屈だと感じて「法律さえ守っていればいいんだろう」という考え方が生まれます。

人の持つよき資質によって、自らを律して正しい行いができることを孔子は目指しています。そのためには民が恥ずかしいという感覚を持たなければなりません。

之《これ》を道《みちび》くに徳《とく》を以《も》ってし、之《これ》を斉《ととの》うるに礼《れい》を以《も》ってすれば、恥《は》ずる有《あ》りて且《か》つ格《ただ》し。（為政篇）

先生の言葉の続き
「一方、徳を以って民を導き、礼によって統制すれば、民は過ちを自ら恥ずかしいと思い、身を正していくようになる。」

法令や法律に対して、礼によって治めると民に恥ずかしいという感覚が湧いてきます。そして自らを改めることになります。

この章句は孔子の政治哲学を鮮明に表しています。法がどんなに整っても、人々がそれを尊重して守らなければ意味がありません。上に立つ者が徳を発揮して治め、民に感化していく、民はよきリーダーに導かれて、自らの徳を磨き、礼に則った行いができる。これが孔子の理想です。

9月17日

子曰《しのたま》わく、雍《よう》や南面《なんめん》せしむべし。仲弓《ちゅうきゅう》子桑伯子《しそうはくし》を問《と》う。子曰《しのたま》わく、可《か》なり簡《かん》なり。

先生がおっしゃった。

「雍は南面してもよい人物だ。」

仲弓が子桑伯子について孔子にたずねた。

先生がおっしゃった。

「よい人物で、おおらかだ。」


雍は仲弓のことです。雍は生まれた時につける名で、仲弓は成人した時につける字《あざな》です。年下の人を名で呼ぶことがありますが、年上の人を名で呼ぶことはありません。

南面は最も立派な人物が座す位置を表します。そこに座れるほど仲弓は優れた人物だと孔子が認めています。

仲弓が子桑伯子という人物について孔子にたずねています。仲弓は寛大な人柄だとの評判があったようで、孔子が自分のことを南面せしむと高く評価をしたので、似たような性格の子桑伯子について聞いてみたくなったようです。孔子はよき人物だと言い、おおらかだと言いました。

9月18日

仲弓《ちゅうきゅう》曰《い》わく、
敬《けい》に居《い》て簡《かん》を行《おこな》い、
以《も》って其《そ》の民《たみ》に臨《のぞ》まば、亦可《またか》ならず。
簡《かん》に居《い》て簡《かん》を行《おこな》うは、
乃《すなわ》ち大簡《だいかん》なること無《な》からんや。
子曰《しのたま》わく、雍《よう》の言然《げんしか》り。（雍也篇）

先生の言葉を聞いて仲弓が言った。

「慎み深い態度で、事に対しては細かいことにはこだわらず、寛大な心で民に接するのはよいことでありますが、自分に対しても大まかで、人に対してもおおらかでは、寛大過ぎるのではないでしょうか。」

これに対して先生は感心しておっしゃった。

「全く、雍の言うとおりだなぁ。」


簡とは寛大なことです。寛大・寛容なことはよいことですが、全てに於いて寛大ではうまく治まらないと仲弓が指摘しています。おおらかさを褒められれば嬉しいですが、実践する時には慎重さが必要です。人物を見極める目、先をよむ先見性、臨機応変に対応できる柔軟性など多くの要素が慎重さの中に含まれます。

孔子が優秀な弟子だと認めているだけあって、仲弓の意見は鋭いです。簡の捉え方ひとつで孔子と会話を交わし、孔子を感心させています。弟子の成長を内心喜んでいる孔子の姿が想像できます。

子路《しろ》曰《い》わく、桓公《かんこう》、公子糾《こうしきゅう》を殺《ころ》す。召忽《しょうこつ》は之《これ》に死《し》し、管仲《かんちゅう》は死《し》せず。曰《い》わく、未《いま》だ仁《じん》ならざるか。

子路が言った。

「斉の桓公が公子糾を破って殺した時、召忽は主君の死に従って死んだが、管仲は死ななかっただけではなく、君主の仇である桓公に仕えた。これは不仁というべきことではありませんか。」

子路がかなり憤慨して、孔子に詰め寄っている雰囲気が伝わってきます。斉の国の君主・桓公は腹違いの弟・公子糾を殺して自分の地位を安泰にしました。公子糾に仕えていた召忽は殉死《じゅんし》したのに、同じく臣下だった管仲は殉死せず、仇の桓公に仕えたのです。

勇猛果敢で義に生きる子路としては到底納得できない所業です。そこで孔子に管仲は不仁者ですよね、と同意を求めています。

当時、主君が討ち死にしたら、身近にお仕えしていた者も死を以ってあとを追うというのが慣例だったことが窺えます。管仲の行動は子路にとってはとても容認できなかったのでしょう。

9月20日

子曰《しのたま》わく、桓公諸侯《かんこうしょこう》を九合《きゅうごう》するに、兵車《へいしゃ》を以《も》ってせざりしは、管仲《かんちゅう》の力《ちから》なり。其《そ》の仁《じん》に如《し》かんや、其《そ》の仁《じん》に如《し》かんや。（憲問篇）

子路の言葉に答えて、先生がおっしゃった。
「当時、周の王室が衰退していて、まわりの未開の国々が侵入しようとしていた。それを武力を使わずに平定し、周王朝を守ったのは管仲の働きが大きかったからだ。公子糾のために殉死しなかった不仁はあるかもしれないが、天下を平定した功績は大きい。召忽の仁が管仲の仁に及ぶものではない。」

孔子の言葉には力強さがあり、説得力があります。どのような人物を仁者とするのかは、見方によって変わります。自らの命を以って主君への忠義を全うすることと、生きて国のために力を尽くすことのどちらを仁者とするのか、孔子の考え方が明確に表れています。ものごとや人物の一面だけを見て判断してはいけないことを子路に伝えています。

管仲の考え方や行動の下には仁があったと感じたからこそ、孔子は彼を認めたのでしょう。義理や人情、慣習や秩序などをどのように感じて理解するかで行動に差が生じます。また後世の評価も分かれます。

子貢《しこう》曰《い》わく、管仲《かんちゅう》は仁者《じんしゃ》に非《あら》ざるか、桓公《かんこう》公子糾《こうしきゅう》を殺《ころ》すに、死《し》すること能《あた》わず。又之《またこれ》を相《たす》く。

子貢が言った。
「管仲は仁者ではないのではありませんか。桓公は公子糾を殺した時に、主君と共に死ぬことをせず、そればかりか主君を殺した仇に仕えて助けているのです。」

子貢も子路と同じ感覚だったようです。子路と全く同じ質問をしています。この二人の他にも弟子たちの間でも世間でも話題になっていたかもしれません。古参の弟子たちの質問に先生がどのように答えるのか、注目している人も多かったはずです。

管仲が殉死しないだけではなく、仇に仕えたことが一層の驚きだったでしょう。桓公を覇者に押し上げ、のちに名宰相として歴史に名を遺した管仲も様々な人物評を受けていたことがわかります。

子曰《しのたま》わく、管仲桓公《かんちゅうかんこう》を相《たす》けて、諸侯《しょこう》を覇《は》たらしめ、天下《てんか》を一匡《いっきょう》す。民今《たみいま》に至《いた》るまで其《そ》の賜物《たまもの》を受《う》く。管仲《かんちゅう》微《な》かりせば、吾其《われそ》れ髪《かみ》を被《かぶ》り衽《じん》を左《ひだり》にせん。豈匹夫匹婦《あにひっぷひっぷ》の諒《まこと》を為《な》すや、自《みずか》ら溝瀆《こうとく》に経《くび》れて、之《これ》を知《し》ること莫《な》きが若《ごと》くならんや。（憲問篇）

子貢の言葉に答えて先生がおっしゃった。
「管仲は桓公を助けて諸侯の盟主にさせ、天下を正した。民は今に至るまで、その恩恵を受けている。もし管仲がいなければ、未開の地の人々に侵略されて、ざんばら髪になり、着物を左前に着るようなことになっていただろう名も無き男女が小さな義理立てをして首をくくって溝で死んでも誰も知らない、このようなことと同じにしてよいことがあろうか。」

孔子の答えは子路に対するものと同じです。もし管仲の働きがなかったら、未開の国に侵略されて文化もなく、名もない男女が世間のつまらぬ義理により心中するようなことが起こっていたと語りました。実に具体的です。

仁を大きな視野で捉え、本質を見失わないところに孔子の冷静さが見えます。孔子の答えから弟子たちはどれだけのものを感じ取れたのでしょう。

桓公に仕えていた鮑叔牙《ほうしゅくが》は、以前より管仲と親交があり、桓公に管仲の有能さを訴え、仕官を推した人物です。このエピソードから管鮑の交わりという言葉が生まれました。

9月23日

曽子《そうし》曰《い》わく、君子《くんし》は思《おも》うこと其《そ》の位《くらい》を出《い》でず。（憲問篇）

曽子が言った。
「君子は自分の位について、全力で仕事をするが、それ以外のことはしない。」

リーダーと言われる立場の者は、自分の職務に全力で励む。それ以外のことには口出しをしないものだと、曽子が言っています。当たり前のように感じますが、当時は自分の役目を疎かにして、他人の分野に口出しする人が増えていたので、このような発言になったと思われます。

世の中の風潮が、仁を軽んじていたことが想像できます。リーダーのみならず多くの人々が家庭や地域で人間関係において誠実さや丁寧さを欠いていたのでしょう。まず自分の為すべきことに力を尽くすことが大事です。それをリーダーが率先して示さなければなりませんが、それができていなかったということです。

9月24日

孟氏《もうし》陽膚《ようふ》をして士師《しし》為《た》らしむ。曾子《そうし》に問《と》う。曾子《そうし》曰《い》わく、上《かみ》其《そ》の道《みち》を失《うしな》い、民《たみ》散《さん》ずること久《ひさ》し。如《も》し其《そ》の情《じょう》を得《え》ば、則《すなわ》ち哀矜《あいきょう》して喜《よろこ》ぶこと勿《なか》れ。（子張篇《しちょうへん》）

魯の大夫・孟氏が曽子の弟子・陽膚を獄官の長に任命した。陽膚が長官の心得を曽子にたずねた。
曽子が言った。
「上の者が正しい道を失い、道義が廃れたため、民は離散してしまった。もし罪を犯した者がいたら、哀れみの情を思い、けっして自分の手柄だと喜んではいけない。」

とても曽子らしい助言です。犯罪獄官の長は司法長官です。犯罪を取り締まり、刑を言い渡す役目です。世の中を見てみると、上に立つ者の不正が横行し、世の乱れが激しい状況です。民の生活は困窮し疲弊して、その結果、犯罪に走る者もいます。もし罪を認めたなら、そのような犯罪に走らなければならなかった背景をよく理解して、哀れみの情を忘れてはいけない。よき政治が行われていないことがこのような事態を招いていることを肝に銘じよ、ということです。

取り締まった自分の手柄を自慢するようなことは決してしてはいけないのです。今の私たちにも共感できる言葉です。

子張仁《しちょうじん》を孔子《こうし》に問《と》う。
孔子曰《こうしのたま》わく、能《よ》く、五《いつ》つの者《もの》を天下《てんか》に行《おこな》うを仁《じん》と為《な》す。
之《これ》を請《こ》い問《と》う。
曰《のたま》わく、
恭《きょう》・寛《かん》・信《しん》・敏《びん》・恵《けい》なり。

子張が孔子に仁についてたずねた。

先生が答えておっしゃった。

「広く世の中に五つのことを行うことが仁である。」

子張が、さらに「その五つのことを教えて下さい」と孔子にたずねた。

先生は「五つのこととは、恭、寛、信、敏、恵である。」


子張は孔子より四十八歳も若い弟子です。優秀で意欲的です。仁についても自分の理解を深めたかったのでしょう。孔子が述べた五つのこととは何なのか、重ねて聞いています。

恭、寛、信、敏、恵の五つを実行できることが仁だと孔子は言いました。この五つは確かに大切なことですが、もしかすると子張に足りない点だったかもしれません。質問に答える形で、その人の足りないところを気づかせて、実行できるように導くのが孔子のやり方でもあります。またこの章句では、孔子の答え方も非常にわかりやすい表現になっています。たった五つの文字を並べて表しました。

9月26日

恭《きょう》なれば則《すなわ》ち侮《あなど》られず、寛《かん》なれば、則《すなわ》ち衆《しゅう》を得《え》、信《しん》なれば則《すなわ》ち人任《ひとにん》じ、敏《びん》なれば則《すなわ》ち功有《こうあ》り、恵《けい》なれば則《すなわ》ち以って人《ひと》を使《つか》うに足《た》れり。（陽貨《ようか》篇）

先生の言葉の続き
「恭とは慎重で丁寧な態度のことで、このようにしていれば人から侮られることもなくなる。寛は寛大・寛容という意味で、広い心で人々と接していれば、人々がついてきてくれるだろう。敏は敏速であることだ。何ごとも速やかに対応することで成果も出るだろう。最後に恵だ。人々に恩恵を与えることを忘れてはいけない。それができれば皆が恩義を感じ合い、いい国造りができるだろう。」

恭とは恭しいことで、常に誰に対しても何に対しても、謹み深く丁寧に対応すること。寛は寛大であることです。広い心で人々と接することです。信は言葉に偽りがないことです。言葉に責任を持てれば信頼される人物になれるでしょう。敏は速やかにものごとにあたることです。突発的な事案には、考えている時間がない場合もあります。そのような時にも的確に判断できることが大事です。

たった五つの漢字ですが奥が深いですね。ひとつひとつのことを丁寧に確実に実践できれば、仁者となり、リーダーにもなれるということです。

9月27日

子路《しろ》問《と》う、聞《き》くままに斯《ここ》に諸《これ》を行《おこな》わんか。
子曰《しのたま》わく、
父兄《ふけい》在《いま》す有《あ》り、之《これ》を如何《いかん》ぞ其《そ》れ聞《き》くままに斯《ここ》に之《これ》を行《おこな》わん。
冉有《ぜんゆう》問《と》う、聞《き》くままに斯《ここ》に諸《これ》を行《おこな》わんか。
子曰《しのたま》わく、聞《き》くままに斯《ここ》に之《これ》を行《おこな》え。

子路が「良いことを聞いたら、すぐに聞いたままを実行してもいいでしょうか。」

と孔子にたずねた。

先生が答えておっしゃった。

「父兄もおられることだ、その考えも聞いたほうがよいだろう。すぐに行うことをせず、よく考えてからにしなさい。」

冉有が「良いことを聞いたら、すぐに聞いたままを実行してもいいでしょうか。」

と孔子にたずねた。

先生が答えたおっしゃった。

「聞いたままをすぐに行いなさい。」


弟子の子路と冉有が孔子に同じ質問をしました。良いことを聞いたら、すぐに実行に移してもいいかと。子路には親兄弟の意見も聞いてから行えと言い、冉有には、すぐに行ってみなさい、と言っています。

不思議な感じがしますが、二人の性格が異なるからです。孔子は相手が変わると答え方も変えます。相手にとって最も伝わりやすく、効果的な表現をします。教育者としての魅力を感じます。

公西華《こうせいか》曰《い》わく、
由《いう》や問《と》う、聞《き》くままに斯《ここ》に諸《これ》を行《おこな》わんか。子曰《しのたま》わく、
父兄在《ふけいいま》す有《あ》り。
求《きゅう》や問《と》う、聞《き》くままに斯《ここ》に諸《これ》を行《おこな》わんか。子曰《しのたま》わく、
聞《き》くままに斯《これ》に之《これ》を行《おこな》え。赤《せき》や惑《まど》う。敢《あ》えて問《と》う。
子曰《しのたま》わく、
求《きゅう》や退《しりぞ》く。故《ゆえ》に之《これ》を進《すす》む。由《ゆう》や人《ひと》を兼《か》ぬ。故《ゆえ》に之《これ》を退《しりぞ》く。（先進《せんしん》篇）

公西華が孔子にたずねた。
「由君は父兄もいらっしゃることだからと制止され、求君には、すぐに行えと激励されました。先生のお答えが違っているのがどうしてかわかりません。教えて下さい。」
先生が答えておっしゃった。
「求は引っ込み思案なので、積極的になるように後押ししたのだ。由は人の分まで行うようなところがあるので、慎重になるように抑えたのだ。」

孔子と公西華の年の差は四十二歳です。赤は公西華のことです。由は子路のこと、求は冉有のことです。若い公西華にとって、子路と冉有への孔子の答えが全く逆だったことが理解できませんでした。そこでその理由をたずねました。

子路はまっすぐに突き進む行動派。思慮深さに欠けているので、年長者の意見を聞くように助言しました。冉有は慎重で引っ込み思案。まず行動することを進めました。

公西華と孔子の年の差を考えると、まだ二十代の公西華は穏やかに語る老先生から多くのことを学ぼうとしたでしょう。そのような姿勢が窺われます。

子曰《しのたま》わく、民《たみ》は之《これ》に由《よ》らしむべし。之《これ》を知《し》らしむべからず。（泰伯《たいはく》篇）

先生がおっしゃった。
「徳を以って民の信頼を得ることはできるが、全ての民に理由を説いて、意義を知らせることは難しい。」

この章句は有名な一文です。上に立つ者は民に信頼される人間でなければなりません。人々は信頼できるから支持して協力するのです。

上の者がどのような徳を身につけ、何を拠り所にしているのか。ひとつひとつのことがらにどのような意義があるのか。これらを詳細にすべてを語り、理解してもらうことは難しいです。だからと言って、孔子が民を軽んじて発した言葉ではありません。

安心して人々が生活や人生を託せる人物の登場が重要なのです。そこに孔子の思想の本があります。孔子が弟子と共に学問探究や人物修養に努めたことがそれを表しています。

9月30日

子張《しちょう》曰《い》わく、徳《とく》を執《と》ること弘《ひろ》からず、道《みち》を信《しん》ずること篤《あつ》からずんば、焉《いずく》んぞ能《よ》く有《あ》りと為《な》し、焉《いずく》んぞ能《よ》く亡《な》しと為《な》さん。（子張篇）

子張が言った。
「徳が狭い範囲に止まり広さがなく、人が踏むべき道を心底信じていなければ、そのような徳や道は有っても無くても同じことで価値がない。」

徳と道は共にあるものです。人が踏むべき道は正しい道でなければなりません。人が抱く志もこの道の上に置かれています。徳は正しいことができる力で、人が生まれながらに持っているよき資質です。この徳の力によって人は道から外れることがなくなります。

人の道を信じることができず、信念も志も持てないとしたら、徳が本来持つ広く深い力も発揮することができません。目に見えない道は、その人が信じることで存在します。そしてその時に徳がその道に添うようになるのだと思います。道も徳も篤く信じることができなければ、意味がありません。

十月

10月1日

子曰《しのたま》わく、君子《くんし》の天下《てんか》に於《お》けるや、適《てき》も無《な》く、莫《ばく》も無《な》し。義《ぎ》と之《これ》と与《とも》に比《したが》う。（里仁《りじん》篇）

先生がおっしゃった。
「君子が天下のものごとに対処する時には、必ずこうしようと固執することがなく、また絶対にこれはしないと頑張ることもしない。ただ道理に従うのみなのだ。」

人の上に立つ人物は、自分の考えだけに固執してはいけないのです。人の話を正しく聞き分ける耳を持つ、人物を正確に見極める目を持つ。そのような姿勢が重要です。臨機応変にものごとに対応しなければならないからです。

適も莫もないとは、信念がないということではありません。その都度、道理・道義に従って行動するということです。自分の感情や先入観にとらわれることなく、義を重んじることができるのが君子なのです。

子曰《しのたま》わく、
徳有《とくあ》る者《もの》は必《かなら》ず言有《げんあ》り。
言有《げんあ》る者《もの》は必《かなら》ずしも徳有《とくあ》らず。
仁者《じんしゃ》は必《かなら》ず勇有《ゆうあ》り。
勇者《ゆうしゃ》は必《かなら》ずしも仁有《じんあ》らず。(憲問篇《けんもんへん》)

先生がおっしゃった。

「徳の備わった人には立派な言葉がある。しかし善き言葉を述べる人が必ずしも徳を備えた人とは言えない。仁者には必ず勇気があるが、勇気のある人が必ずしも仁があるとは限らない。」


言葉はその人を表すと言います。よき人物が発する言葉は正しく信頼できます。しかしその逆は成り立ちません。よき人物に思われたくて善言を並べる人がいます。その言葉を信じてしまう人がいたとしても、それは一時的なことで、その言葉に隠された本性は必ず見破られます。本物の仁者には決断力や判断力があります。それが勇気です。勇とは力づくで何かを為すことではありません。行動力のある人が仁者とは限りません。

人が人であるために大事な徳が、その人のすべてを決定していくのです。仁も勇も徳があるからこそ形にできるのです。

子《し》曰《のたま》わく、吾《われ》嘗《かつ》て終日《しゅうじつ》食《くら》わず、終夜《しゅうや》寝《い》ねず、以《も》って思《おも》う。益《えき》無《な》し。学《まな》ぶに如《し》かざるなり。（衛霊公《えいれいこう》篇）

先生がおっしゃった。

「私はかつて一日中食事もとらず、一晩中一睡もせずに思索を巡らした。しかし何も得ることがなかった。やはり先人の学問や教えを学ぶことにまさるものはない。」


学ぶことと考えることはどちらも大事であると言いながら、この章句では「学ぶに如かざるなり」と語っています。考えても何も解決しなかった、やはり学ぶことが大事だと。

孔子は自ら考えることを重視していますが、それは真剣に学ぶからできることです。何も学ばずに思索を巡らせることは不可能です。あるいは人が元々持っているよき資質も学ぶことによって正し実践ができるのです。まず学ぶ、そして実行して、省みてまた学ぶ。この繰り返しです。そして学ぶ内容は単なる知識だけではなく、古典を通して人の道を学ぶことも忘れてはいけないのです。

10月4日

子曰《しのたま》わく、邦道有《くにみちあ》れば、言《げん》を危《あやう》くし行《おこない》を危《あやう》くす。邦道無《くにみちな》ければ、行《おこない》を危《あやう》くし言孫《げんしたが》う。

（憲問篇）

先生がおっしゃった。
「国に道が行われている時には、厳しい態度で言うべきことを言い、正しいことを断行すべきである。しかし国に道が行われない時には、正しいことを行うことに変わりはないが、言葉は控えめにする。」

孔子の一貫した態度が窺えます。正しい政治が行われている時には、自信をもって正しいことを発言し、責任をもって果断にものごとに対応することが重要です。自分の身につけた知識・見識は公のために実践することが、孔子の教えだからです。

しかし道義が廃れて、正しい政治が行われない時には、人や環境に左右されずに淡々と自分の信じる道を行うが、言葉については慎重になるというのが孔子の考えです。道理が通じない世の中では、孔子が説く教えは通用しません。そのような時には、行いは従来通り筋を通した行動をし、言葉は控えめにしておくというのが孔子の考え方です。

10月5日

蘧伯玉《きょはくぎょく》人《ひと》を孔子《こうし》に使《つか》わす。孔子《こうし》之《これ》に坐《ざ》を与《あた》えて問《と》う。曰《のたま》わく、夫子《ふうし》は何《なに》をか為《な》す。

蘧伯玉が人を孔子に使わせた。用件を終えてから、孔子は使者に席を与えて、寛いだ雰囲気でたずねた。
「さて先生はふだんはどのようにお過ごしでいらっしゃいますか。」

蘧伯玉は衛の国の大夫です。かなり立派な人物だったと思われます。その蘧伯玉が孔子に使いを送りました。どのような使命を帯びて、孔子と面会したのかはわかりませんが、用件を済ませた後、寛いだ雰囲気の中で孔子がたずねています。「ところであなたの先生はいかがお過ごしですか。」と。夫子は先生という意味です。身分のある人のことも指します。孔子は使者に蘧伯玉のことをたずねたのです。

対《こた》えて曰《い》わく、
夫子《ふうし》は其《そ》の過《あやまち》を寡《すくな》くせんことを欲《ほっ》するも、
未《いま》だ能《あた》わざるなり。
使者《ししゃ》出《い》づ。
子曰《しのたま》わく、
使《つか》いなるかな、使《つか》いなるかな。（憲問篇）

使者が答えて言った。
「わが主人は自分の過ちを少なくしようと心がけておりますが、なかなかそれができずに困っているようでございます。」
使者が帰った後、先生は感心しておっしゃった。
「まことに大した使者だ。なんと立派な使者だ。」

孔子の問いに対する使者の答えは、主人の謙虚な姿でした。過ちを少なくしたいと努力しているが、まだできていないと答えています。

このような場面でたずねられたら、「元気に過ごしております」「領地をうまく治めることに努めております」「書物を読んで過ごしております」などと答えることを想像します。しかしこの使者は全く異なる視点から答えました。

主人の謙虚な姿を伝えました。孔子の感激が大きかったことは「使いなるかな、使いなるかな」という言葉からも感じ取れます。よき主従関係から双方の優秀さも滲み出ています。

10月7日

子曰《しのたま》わく、質《しつ》、文《ぶん》に勝《か》てば則《すなわ》ち野《や》なり。文《ぶん》、質《しつ》に勝《か》てば則《すなわ》ち史《し》なり。文質彬彬《ぶんしつひんぴん》として、然《しか》る後《のち》に君子《くんし》なり。（雍也《ようや》篇）

先生がおっしゃった。

「生まれたままの飾り気のない資質が、学問修養によって美しく飾り立てた姿よりも勝っていれば、その人は粗野な人ということになる。反対に外見ばかりが立派で、それが中身よりも勝っていれば、その人は文書係の役人のようになってしまう。文（外見）と質（実質）との両者が見事にそろってこそ、初めて君子となるのだ。」

内側と外側のバランスが取れた人が君子だと孔子が語っています。質は内側。人が元々持っている誠実さや真心です。文は外側。学問修養によって培われた優れた立ち居振る舞いです。野は粗野、史は文書係の役人です。

質が文にまさると、中身は優れているのに外側に現れた姿が粗野、反対に文が質にまさると、美辞麗句を並べる文書係のようで外側は美しいが、中身は誠実さに欠けると表現しました。

人の本質は言葉や立ち居振る舞いに出ます。咄嗟の一言などには、その人らしさが滲み出ます。中身の充実が自然に行動に表れた時、人は最も美しく見えるのです。

10月8日

子曰《しのたま》わく、人《ひと》の己《おのれ》を知《し》らざるを患《うれ》えず。己《おのれ》の能《よ》くすること無《な》きを患《うれ》う。（憲問篇）

先生がおっしゃった。
「人が自分を知ってくれないのを心配することはない。自分に人に知られるだけの能力のないことを心配すべきだ。」

『論語』には似た内容の章句がいくつかあります。全てに共通するのは、誰も自分を評価してくれなくても、それは心配するようなことではないと言い切っている点です。

人より優位に立ちたい、認められて登用されたいという気持ちがあると、自分の実力以上の評価を求めようとします。そして思い通りにいかないと不平不満を言う者がいます

孔子はどのような場合でも、まず己を省みることを弟子にも自らにも求めています。自分の能力を冷静に見つめ、足りない部分を埋める努力をすることが大事です。人が自分をどのように見ているかを気にしている暇はないのです。

顔淵仁《がんえんじん》を問《と》う。
子曰《しのたま》わく、
己《おのれ》に克《か》ちて礼《れい》に復《かえ》るを仁《じん》と為《な》す。
一日己《いちじつおのれ》に克《か》ちて礼《れい》に復《かえ》れば、天下仁《てんかじん》に帰《き》す。
仁《じん》を為《な》すは己《おのれ》に由《よ》りて人《ひと》に由《よ》らんや。

顔淵が仁とはどういうことかと質問した。

先生が答えておっしゃった。

「私利私欲に打ち克って、社会の秩序を守って人の道を踏むことが仁である。たった一日でもこの克己復礼ができれば、天下の人々は仁者に近づけるだろう。仁を行うのは自分の力によってできることであり、他人のちからによるものではない。」


この章句が四字熟語・克己復礼《こっきふくれい》の出典です。

克己は己の私欲に打ち克つことです。心の中の葛藤には自分で苦しみ考え抜いて結論を出すしかありません。自分の内面です。それに対して復礼は行動です。どのような場合にも礼から離れてはいけないのです。礼とは秩序です。自分の内面の充実と正しい行いとが揃って仁と言えるのです。そしてそれは自分が強い意志を以って実践するしかありません。

孔子はたった一日でも、仁を実践すれば、それは広く社会に波及すると言いました。特に上に立つ者が実践すれば、その影響は大きいと考えました。

10月10日

顔淵《がんえん》曰《い》わく、請《こ》う、其《そ》の目《もく》を問《と》わん。
子《し》曰《のたま》わく、
礼《れい》に非《あら》ざれば視《み》ること勿《なか》れ、
礼《れい》に非《あら》ざれば聴《き》くこと勿《なか》れ、
礼《れい》に非《あら》ざれば言《い》うこと勿《なか》れ、
礼《れい》に非《あら》ざれば動《うご》くこと勿《なか》れ。
顔淵《がんえん》曰《い》わく、回《かい》、不敏《ふびん》なりと雖《いえど》も、
請《こ》う、其《こ》の語《ご》を事《こと》とせん。（顔淵《がんえん》篇）

顔淵がさらに克己復礼をするための項目をたずねた。

先生が答えておっしゃった。

「礼に外れたものを視ないようにし、礼に外れたものを聴かないようにし、礼に外れたことを言わないようにし、礼に外れたことをしないようにすることだ。」

この言葉を聞いた顔淵が言った。

「私は未熟者でございますが、このお言葉を一生をかけて実行していきたいと思います。」


孔子から克己復礼を聞き、顔淵はそれを実践するための方法をたずねました。孔子の答えは具体的でしかもシンプルです。視ること、聴くこと。言葉と行い。この四つは必ず礼を踏んでいるようにと言いました。

ものごとを視る時、聞く時は私心や先入観を持たずに正しいものに従う。言葉も行いも人に対する慮《おもんぱか》りを忘れずに、世の中の秩序に従う。当たり前のことのように思いますが、常に心がけて実践するのは難しいです。

何人もの弟子が仁について質問していますが、顔淵への答えが、最も深く本質を語っています。克己復礼のたった四文字に孔子の思いが詰まっています。

10月11日

子曰《しのたま》わく、片言《へんげん》以《も》って獄《ごく》を折《さだ》むべき者《もの》は、其《そ》れ由《ゆう》なるか。子路《しろ》は諾《だく》を宿《とど》むる無《な》し。（顔淵篇）

先生がおっしゃった。
「たった一言で判決を下すことができるのは、由だけであろう。子路は一度承諾したことを翌日まで延ばすことはしなかった。」

孔子が子路の判断力、行動力を称えた一文です。不正を許さない、義を重んじる子路の姿勢がよく表れています。

単に判決を即座に下せるだけではなく、人々が納得する結論を出せるからこそ、孔子も認めているのです。また一旦、承諾したことは時間をおかずに対処するところも子路の特徴です。孔子が「由や果なり」と評した所以です。子路のことを果断だと評したのです。

孔子との出会いが最も大きく人生に影響したのが子路だったでしょう。義や勇には礼も仁も必要であることを孔子から学びました。生涯師弟の固い絆で結ばれていた弟子のひとりです。

10月12日

子《し》曰《のたま》わく、誰《たれ》か能《よ》く出《い》づるに戸《こ》に由《よ》らざらん。何《なん》ぞ斯《こ》の道《みち》に由《よ》ること莫《な》きや。（雍也篇）

先生がおっしゃった。
「家を出る時に戸を開いて通らぬ者はない。それなのにどうして人が通らねばならない人の道を通ろうとしないのだ。」

政治の腐敗や文化の荒廃を嘆いた言葉です。孔子の求める徳治政治は、誰もが人の道を踏んでいくことで成り立ちます。

秩序を守ること、誠実であること、家族友人が仲睦まじいこと、志を持ち励むこと、慮りの心を持つこと等々。人の道とはそれぞれの人が自分の人生を大事にして、当たり前のことを継続して行えることです。それは人が戸口から出入りするのと同じくらい当たり前のことなのです。

なぜそのような当たり前のことができないのか。孔子の深い嘆きが感じられます。

子曰《しのたま》わく、知者《ちしゃ》は水《みず》を楽《たの》しみ、仁者《じんしゃ》は山《やま》を楽《たの》しむ。知者《ちしゃ》は動《うご》き、仁者《じんしゃ》は静《しず》かなり。知者《ちしゃ》は楽《たの》しみ、仁者《じんしゃ》は寿《いのちなが》し。（雍也篇）

先生がおっしゃった。
「知者と仁者をそれぞれたとえてみると、知者は水を楽しみ、仁者は山を楽しむ。知者は動いて水のようで、仁者は静かな山のようだ。知者は絶えず動き回り、楽しみが尽きない。仁者は安心してゆったりとしているので長生きする。」

知者と仁者を水と山にたとえた、孔子らしい表現です。水は自由に動きまわり、ひとつの形には収まりません。何にでも興味を持ち、探究しようとする知者に似ています。一方、山はどっしりとして動くことがありません。ものごとの道理を弁えて、精神的にも安定している仁者と似ています。

知者と仁者、どちらにも魅力がありますが、知者がものごとを探求して、その先により深い本質に触れた時、仁者の境地になれるのかもしれません。

子曰《しのたま》わく、君子《くんし》は坦《たん》として蕩蕩《とうとう》たり。小人《しょうじん》は長《とこし》なえに戚戚《せきせき》たり。（述而《じゅつじ》篇）

先生がおっしゃった。
「君子は心が安定していてのびのびしている。小人は落ち着きがなく、こせこせしている。」

君子と小人を対比して表現している章句のひとつです。君子がゆったりとしていられるのは心の安定があるからです。仁を拠り所として、道理を弁え、自分の命を知っているからです。不必要な争いごとをすることもなく、自分の能力を誇示することもありません。自然体でいられるのです。

一方、小人は損得や名声や肩書に対する欲望から離れられず、心が落ち着きません。それが言動に表れます。

君子になることは難しくても、目指すことはできます。自分を省みることを忘れずに、人には寛大になれたら、君子へ近づいていくことになるでしょう。

子夏《しか》曰《い》わく、君子《くんし》は信《しん》ぜられて而《しか》る後《のち》に其《そ》の民《たみ》を労《ろう》す。未《いま》だ信《しん》ぜられざれば、則《すなわ》ち以《も》って己《おのれ》を厲《なや》ますと為《な》すなり。

子夏が言った。
「君子は民から信頼されて初めて、民に労役を課す。もし信頼されなければ、民は自分たちは苦しめられていると思う。」

上に立つ者はまず信頼されることが大事です。人にとって信が無いことがどれ程致命的なことか、孔子は信頼されることの大切さを様々な言葉で説いています。

単に上の者の言葉だから従うのか、信頼関係があって、共鳴・納得があって従うのかでは、ものごとの結果が異なります。心通じるものがなければ、下の者はやらされているという感情しか持たなくなります。不満や恨み言を言うのみです。

10月16日

信《しん》ぜられて而《しか》る後《のち》に諫《いさ》む。未《いま》だ信《しん》ぜられざれば、則《すなわ》ち以《も》って己《おのれ》を謗《そし》ると為《な》すなり。(子張《しちょう》篇)

子夏の言葉の続き
「十分に信頼されてから諫める。信頼関係がないのに諫めると自分が謗られていると感じる。」

さらに難しいのは、上の者を諫める時です。自分が信任されていないのに、諫めるようなことを言った場合、正しいことを言ったとしても聞き入れてもらえません。単に批判されたと感じるだけになってしまいます。却って関係を気まずくしてしまいかねません。

民を使う時、君に仕える時、どちらにも優先するのは信なのです。後輩、先輩、あるいは友人誰に対しても、誠実な態度から信頼関係が生まれます。相手に反発されるとしたら、自分の信が足りないと自らを省みることが必要です。

どのような場合にも相手の立場になって気持ちを想像できることが大切です。

曽子《そうし》曰《のたま》わく、終《おわり》を慎《つつし》み遠《とお》きを追《お》えば、民《たみ》の徳厚《とくあつ》きに帰《き》す。（学而篇《がくじへん》）

曽子が言った。

「親の葬儀を丁寧に行い、祖先の霊を慎み深く祭れば、人々の人情も厚くなっていく。」


当時、親の喪は三年というのが通例でした。人の死を重く丁寧に受け止めて、親に対する感謝の気持ちが篤かったことがわかります。孔子の求める徳治政治の根幹と言えます。

しかし実際には現実の生活が優先されて、先祖の霊に対する気持ちも薄れていきます。物理的発展や地位や名誉に固執する者が出始めると国も人々の気持ちも荒廃していきます。上に立つ者は大きな影響力を持っています。強制するのではなく、自らの行いで人々を感化することができるのです。墓参した後の清々しい気持ちを誰もが当たり前に感じられたら、世の中が変わるように思います。

10月18日

子路《しろ》曰《い》わく、何如《いか》なるを斯《こ》れ之《これ》を士《し》と謂《い》うべきか。
子曰《しのたま》わく、切切偲偲怡怡如《せつせつしししいいじょ》たるを、士《し》と謂《い》うべし。朋友《ほうゆう》には切切偲偲《せつせつしし》たり、兄弟《けいてい》には怡怡《いい》たり。

（子路《しろ》篇）

子路が士とはどのような人物ですかとたずねた。
先生が答えておっしゃった。
「お互いに磨き合い、切磋琢磨して、そして和らぎ合えるのが士という者だ。つまり朋友とは互いに磨き合い、励まし合い、兄弟では穏やかに和することが大切ということだ。」

士については何人かの弟子が質問していますが、子路には「切切偲偲怡怡」と答えています。切切は良いことを実行すること、偲偲は親切に告げて励ますこと、怡怡は和やかに喜び合えることを表しています。

人とどのように接して、どのような関係を築くべきかを説いています。精神面の話です。行動力も実行力もある子路に足りないものがあるとすれば、穏やかさでしょうか。その点が孔子は物足りなかったようです。

孔子が子路には更に人として大成してほしいという気持ちが強く感じられる章句です。

10月19日

子貢《しこう》問《と》いて曰《い》わく、何如《いか》なるを斯《こ》れ之《これ》を士《し》と謂《い》うべきか。子《し》曰《のたま》わく、己《おのれ》を行《おこな》うに恥《はじ》有《あ》り、四方《しほう》に使《つかい》して、君命《くんめい》を辱《はずかし》めざるを士《し》と謂《い》うべし。

子貢が士とはどのような人物かとたずねた。
先生が答えておっしゃった。
「自分の行いを省みて、できていないことを恥だと感じる者、外国へ使者として出かけて行き、君命を辱めない者を士と言える。」

子路も同じ質問をしていますが、子貢には全く異なることを答えています。自分の行いを反省して未熟であることを恥だと感じる人物、外交官として海外に行った時に、国の評判を上げるほどの働きができる人物を士と言っています。これはいつの時代にも共通の人物像です。常に学問追究、自己修養の気持ちを持ち続けられる人と言えます。

子貢はこの答えを聞いて、続けて質問しています。

曰《い》わく、敢《あ》えて其《そ》の次《つぎ》を問《と》う。

曰《のたま》わく、宗族孝《そうぞくこう》を称《しょう》し、郷党弟《きょうとうてい》を称《しょう》す。

曰《い》わく、敢《あ》えて其《そ》の次《つぎ》を問《と》う。

曰《のたま》わく、言《い》えば必《かなら》ず信《しん》に、行《おこな》えば必《かなら》ず果《はて》。

硜硜然《こうこうぜん》として小人《しょうじん》なるかな。

抑々《そもそも》亦《また》以《も》って次《つぎ》と為《な》すべし。

曰《い》わく、今《いま》の政《まつりごと》に従《したが》う者《もの》は何如《いかん》。

子《し》曰《のたま》わく、噫《ああ》、斗筲《としょう》の人《ひと》、何《なん》ぞ算《かぞ》うるに足《た》らんや。(子路篇)

子貢がその次の段階をたずねた。先生が答えておっしゃった。

「一族の間で孝行者と言われ、村では先輩に従順だと言われる者であろうか。」

子貢がさらにその次の人物をたずねた。先生がおっしゃった。

「正直で行いはきびきびとしていて、必ずやり通す人物。つまり果断な人物で堅物の小役人と言えるが、まあその次の人物と言えるだろう。」

子貢が最後に今の政治家はいかがでしょうかとたずねた。先生がおっしゃった。

「あぁ、升で計れるような小者ばかりで取り上げるまでもない。」


子貢は段階を追って質問することで、孔子の描く人物像を聞き出していきます。孔子の答えはだんだん理想の人物からは離れていきますが、子貢が本当に聞きたかったのは現職の大臣たちのことだったのでしょう。今の政治家はどうですかとついに聞いています。孔子の言葉は痛快です。小さい升で計れる小者だと。質問を次々に重ねていく子貢の話術の巧みさが光ります。

人には名誉欲や物欲がありますが、そのような欲望に打ち克ち、職務に励めることが重要です。しかし今の政治家は語る価値もないときっぱりと言い切りました。これこそが子貢が聞きたかったことです。

10月21日

仲弓《ちゅうきゅう》季氏《きし》の宰《さい》と為《な》り、政《まつりごと》を問《と》う。子曰《しのたま》わく、有司《ゆうし》を先《さき》にす。小過《しょうか》を赦《ゆる》して、賢才《けんさい》を挙《あ》げよ。

仲弓が季氏が治める領地の地方長官となり、赴任するにあたって、孔子に、心構えをたずねた。
先生が答えておっしゃった。
「それぞれの担当者がいるので、その者たちに任せて、小さな失敗は許すように。そして優秀な者を登用しなさい。」

組織の上に立つ者の心構えは、いつの世も同じです。現場はそこの担当者に任せること、任せたからには少々の失敗は厳しくとがめない。しかし全体をよく把握して、最後の責任は自分が取る。これが孔子の伝えたかったことです。

地方長官に就任するに当たって、孔子に政治の要諦を尋ねている点に、既に仲弓の優秀さと人柄が出ています。

10月22日

曰《い》わく、焉《いずく》んぞ賢才《けんさい》を知《し》りて之《これ》を挙《あ》げん。曰《のたま》わく、爾《なんじ》が知《し》る所《ところ》を挙《あ》げよ、爾《なんじ》が知《し》らざるところは人其《ひとそ》れ諸《これ》を舎《す》てんや。(子路篇)

仲弓が続けてたずねた。

「私にどうしてよき人物を見つけられるでしょうか。」

先生が答えておっしゃった。

「まずはお前の知っている賢人を挙げなさい。賢人を登用する意志があることが、人々に伝われば、お前の知らない賢人を推薦してくれる人が現れて、推薦してくれるだろう。」


よき人材の発掘・登用は誰にとっても難しいものです。仲弓の心配も理解できます。最初から完璧な人事はできませんが、どのような意図をもって組織を作ろうとしているのかは、伝えることができます。当時は前任者に問題があり、辞任した後に着任する場合も多かったようです。人々は今度はよい政治をしてくれると期待して待っています。一番目につくのが人事です。そこに意欲や義を重んじる姿勢を示せれば、人が自らやって来る、よき人物が推薦されて姿を現す。そんなふうに考えられれば、仲弓の心配も和らいだに違いありません。

司《し》馬《ば》牛《ぎゅう》君子《くんし》を問《と》う。子《し》曰《のたま》わく、君子《くんし》は憂《うれ》えず懼《おそ》れず。

司馬牛が君子とはどのような人物かとたずねた。

先生が答えておっしゃった。

「君子は心配事がなく、心が穏やかで、恐れおののくこともない者だ。」


君子の内面について孔子が語っています。憂えずとは心配事がない様子です。不必要な争いごともしないので穏やかです。そのようにできるのは、心にぶれることのない拠り所を持っているからです。同様に自分に自信があるので、正しい行動をとることができます。びくびくする必要がないのです。「憂えず、懼れず」とはわかりやすい表現ですが、実行するのには、かなりの努力が必要です。孔子の言葉はシンプルなものほど、奥が深いです。受け手がどこまで深く解釈できるかで差が生じます。

曰《い》わく、憂《うれ》えず懼《おそ》れず、斯《ここ》に之《これ》を君子《くんし》と謂《い》うか。子曰《しのたま》わく、内《うち》に省《かえり》みて疚《やま》しからざれば、夫《そ》れ何《なに》をか憂《うれ》え何《なに》をか懼《おそ》れん。（顔淵篇）

司馬牛がさらにたずねた。

「憂えず、懼れず、それだけで君子と言えるのでしょうか。」

先生がおっしゃった。

「自分を省みて、何も後ろ暗いことがなければ、心配することも恐れることはない。つまりそのように省みても何も反省することがないのが君子ということだ。これは本物の君子でなければできないことなのだ。」


司馬牛は「憂えず、懼れず」ができるくらいで君子になれるのだろうかと思ったようです。もっと具体的な方法を教えてもらえると期待していたのかもしれません。この程度のことと捉えていたことが、まだ理解が浅いことを示しています。

孔子は、何も心配せず、おそれることもない境地になるためには、どれほどの自己修養が必要かということを語りました。自らを振り返ることは現代の私たちが忘れがちなことかもしれません。実際に心がけてみれば、ますます孔子の言葉の重みが感じられます。

子曰《しのたま》わく、歳寒《としさむ》くして、然《しか》る後《のち》に松柏《しょうはく》の彫《しぼ》むに後《おく》るるを知《し》る。（子罕《しかん》篇）

先生がおっしゃった。

「寒さが厳しい冬になって初めて、松や柏の木が葉を落とさないことに気づく。このように大事に遭遇して初めて、その人の真価がわかる。」


寒い冬を迎えるまでは、どの木も葉を茂らせていて違いがわかりません。しかし冬になって葉を落とす木と落とさない木との違いが明らかになるということです。この自然の様子を人の姿に重ねました。

平穏な時には人の本質は見極められませんが、ひとたび難しい状況になった時に、その人の本当の能力や考え方が見えます。またその人が日頃、何を大事にして過ごしてきたのかがわかります。咄嗟《とっさ》の場合の一言や行動に本質が見えるということです。仁から離れない生き方をしていたら、平時も有事の時も正しくて誠実な行動が自然にできるでしょう。その時にはきっとよき仲間も寄り添ってくれるはずです。

子曰《しのたま》わく、詩三百《しさんびゃく》を誦《しょう》すれども、之《これ》に授《さず》くるに政《まつりごと》を以《も》ってして達《たっ》せず。四方《しほう》に使《つか》いして、専対《せんたい》すること能《あた》わずんば、多《おお》しと雖《いえど》も亦奚《またなに》を以《も》って為《な》さん。(子路篇)

先生がおっしゃった。
「『詩経』の三百篇を暗誦できても、政治を任せてもその任務を果たせず、君命を受けて四方の国々に使いとして行っても、一人でうまく応対できなければ、詩を知っていたとしても何の役にもたっていない。」

『詩経』はおよそ三百首の詩が収められている詩集です。弟子たちにとっては必読の書で暗誦《あんしょう》できるほどですが、その努力も活かされていないと孔子は嘆いています。

詩は君子の教養をはかる重要な要素のひとつです。政治の場での駆け引きや外交交渉でも役に立たない、海外に使者として出かけた時にも自国の評判を上げてくるくらいの働きをしてほしいのに、それもうまくいかない。孔子の嘆きは深刻です。学問や知識ではなく、情緒や感性あるいは高い地位の人とのやり取りに必要な教養を磨くものが詩です。内面を磨き、豊かにしていくものです。

10月27日

子路《しろ》子羔《しこう》をして費《ひ》の宰《さい》為《た》らしむ。子《し》曰《のたま》わく、夫《か》の人《ひと》の子《こ》を賊《そこな》わん。

子路が後輩の子羔を季氏の領地・費の長官に推薦しようとした。それを聞いた先生がおっしゃった。
「まだ若いので、その役目を負わせたら、却ってその青年を損なうことになってしまう。」

子路は後輩の若者を地方長官という地位に就けようとしますが、孔子は反対します。もう少し学んでから現場に出した方がいいという考え方です。

子羔は温良な性格でしたが、かつて孔子が愚と評した人物です。生真面目《きまじめ》で馬鹿正直とも言われていたようです。だからこそもう少しゆっくりと学んでから社会に出た方がよいと助言したのでしょう。子路が地方長官にすると言った時、驚きもあったと思います。

10月28日

子路曰《しろい》わく、民人《みんじん》有《あ》り、社稷《しゃしょく》有《あ》り。何《なん》ぞ必《かなら》ずしも書《しょ》を読《よ》みて、然《しか》る後《のち》に学《がく》と為《な》さん。子曰《しのたま》わく、是《こ》の故《ゆえ》に夫《か》の佞者《ねいしゃ》を悪《にく》む。

（先進《せんしん》篇）

子路が言った。
「治めるべき民がいて、祭るべき社稷もあります。このような場所で経験をすることも学びです。書物を読むことだけが学びではありません。」
この言葉を聞いて先生がおっしゃった。
「これだから、私は口達者な者は嫌いだ。」

現場に出て経験を積むことも成長につながることもあります。理論ばかりでは、能力を生かすこともできません。しかしある程度の学問を修めて、自分の思考や判断力の拠り所になるものを身につけることも必要です。学びと実践のバランスの難しいところです。

孔子に指摘されて、子路も少し先走ったと思ったかもしれません。自分の判断の正当性を言いたくて、書物を読むことだけが学ぶことではないと言ったようにも感じられます。

学んで実践する、実践で経験したことを元に再び学んで現場で活かす。その繰り返しのように思います。

季康子《きこうし》、政《まつりごと》を孔子《こうし》に問《と》いて曰《い》わく、如《も》し無道《むどう》を殺《ころ》して、以《も》って有道《ゆうどう》に就《つ》かば、何如《いかん》。

魯の国の大夫・季康子が孔子にたずねた。
「もし道に外れた行いをする者を殺して、善行の者を登用したら如何でしょう。」

季康子の領地がうまく治まっていないので、このような質問をしたことが窺えます。よく治まらないのは、自分に非があることの反省はなく、悪いことをした者を殺すという発想はとても上に立つ者の態度とは思えません。

領地に犯罪が多発し治まらないのは、権力や地位に固執する自分に原因があることは全く考えていません。しかも孔子に意見を求めています。孔子はどのように答えるのでしょう。

10月30日

孔子《こうし》対《こた》えて曰《のたま》わく、子《し》、政《まつりごと》を為《な》すに、焉《いずく》んぞ殺《さつ》を用《もち》いん。子《し》、善《ぜん》を欲《ほっ》すれば民《たみ》善《ぜん》なり。君子《くんし》の徳《とく》は風《かぜ》なり。小人《しょうじん》の徳《とく》は草《くさ》なり。草之《くさこれ》に風《かぜ》を尚《くわ》うれば必《かなら》ず偃《ふ》す。（顔淵篇）

先生が答えておっしゃった。

「よき政治をするのに、民を殺す必要があるでしょうか。あなたがよいことを行えば、自然に民もよき行いをするようになるでしょう。上に立つ者の徳は、たとえて言うならば、風のようなものです。民に徳はたとえて言うならば、草のようなものです。良い風が吹けば、草は皆伏しなびきます。このように上の者の徳風に影響されて必ず良い方へなびきます。」

君子には感化する力があり、それを発揮することの大切さを説いています。季康子が自分の行いを改めたら、よく治まるようになるとは、かなり厳しい言い方でもあり、皮肉でもありますが、季康子が真の意味を理解できたかは定かではありません。

よき者だけを残すという発想には、人々を導き教育するという考えが全くありません。そして季康子が自らを省みることをしていないことも明らかです。孔子にとっては許せないことばかりです。君子の徳は風なり。小人の徳は草なり。草之に風を尚うれば必ず偃す、という美しい表現の中に、心を打つ理法が含まれています。

10月31日

子《し》曰《のたま》わく、
賜《し》や、女《なんじ》予《われ》を以《も》って多《おお》く学《まな》びて之《これ》を識《し》る者《もの》
と為《な》すか。
対《こた》えて曰《い》わく、然《しか》り。非《ひ》なるか。
曰《のたま》わく、非《ひ》なり。予《われ》は一《いつ》以《も》って之《これ》を貫《つらぬ》く。

（衛霊公篇）


先生が子貢に向かっておっしゃった。

「賜よ、お前は私のことを多く学んで、何でも知っている物知りだと思っているか。」

子貢がお答えして言った。

「はい、その通りでございます。そうではないのですか。」

先生がおっしゃった。

「そうではない。私はただひとつのことで道を貫いているだけなのだ。」


有名な「予は一以って之を貫く」の章句です。自分の人生をたったひとつのことで貫いてきたと、孔子は言い切りました。果たしてそのひとつは何なのか。

原理・原則であることが想像できます。仁と捉えると最も広範囲な取り方になるように思います。どのような状況でも、人の道からは外れないということ。それができるのは仁の力であり、それを支えるものが徳だと考えてみたのですが……。自然の摂理を知り、季節感や命を感じることも先祖を大事にすることも、全てを含んでいる仁や恕も忠恕も孔子の生きざまの深くに常に存在していたことは間違いありません。

十一月

11月1日

子《し》、子夏《しか》に謂《い》いて曰《のたま》わく、女《なんじ》、君子《くんし》の儒《じゅ》と為《な》れ。小人《しょうじん》の儒《じゅ》と為《な》ること無《な》かれ。（雍也《ようや》篇）

先生が子夏におっしゃった。
「お前は君子の学者を目指せ。小人の学者になってはいけない。」

子夏は弟子の中でも特に孔子の思想を継ぐ学者と言えます。学問追究を熱心にしている姿を見て、孔子は心配になったのでしょう。学問をするのであれば、君子の学者を目指せと助言しました。

儒は学者のことです。君子の儒とは志を持ち、徳の有る学者のことです。それに対して小人の儒は単なる物知りのことで、自己満足に陥りやすいです。君子の儒は人々や社会のために自分が学んだことを活かすことを目指します。学ぶことの真の意味を孔子は様々な言葉で語っていますが、徳がなければ知も活かせないことは明らかです。

11月2日

子曰《しのたま》わく、貧《ひん》にして怨《うら》むこと無《な》きは難《かた》く、富《と》みて驕《おご》ること無《な》きは易《やす》し。

（憲問篇《けんもんへん》）

先生がおっしゃった。
「貧しくても恨みごとを言わないのは難しいが、それに比べれば、豊かになっても驕らないことの方がたやすいことだ。」

貧しく困窮した中にいると、人を恨んだり愚痴をこぼしたりしがちです。自分の境遇を受け入れて恨みがましいことを言わないのは、かなり難しいことです。それに比べたら、豊かになっても驕らない態度の方が、まだ実行できるのではないか。孔子はこんなふうに言いました。確かに貧しくても愚痴や文句を言わない人は、かなり自己修養ができていると言えます。

豊かになっても過度の贅沢をしない、驕った態度をしないのは、その人の心がけによって実行できることです。そのため孔子は「富みて驕ること無きは易し」と言いましたが、実際にはそれさえも人はできないことを嘆く気持ちが含まれているように感じます。

11月3日

子《し》曰《のたま》わく、
君子《くんし》の道《みち》とする者《もの》三《みつ》。我《われ》能《よ》くすること無《な》し。
仁者《じんしゃ》は憂《うれ》えず、知者《ちしゃ》は惑《まど》わず、
勇者《ゆうしゃ》は懼《おそ》れず。
子貢《しこう》曰《い》わく、夫子《ふうし》自《みずか》ら道《い》うなり。（憲問篇）

先生がおっしゃった。
「君子には踏むべき道が三つある。しかし私は一つもできていない。その三つとは、仁者は内に疚しいことがないので憂えない。知者は物事に通じているので惑いがない。勇者は義に忠実であるので懼れることがない。」
先生の言葉を聞いた子貢が言った。
「この三つは先生がご自分のことをおっしゃったのである。先生こそ既にこの三つを備えていらっしゃるのだ。」

仁、知、勇は君子に必要な三つの徳と言われています。

仁者は誠実であり、慮《おもんぱか》りの心があります。自分に疚《やま》しいことがない生き方をしているので、心配事がありません。知者は知識もあり、道理を弁えているので迷いがありません。そして勇者は義を重んじ、それに従って行動する強さがあるので恐れがありません。

それぞれの徳を並べて、自分はまだまだできていないと孔子は言いましたが、子貢は先生の謙遜だと感じました。先生こそが君子なのだと確信している子貢の強い気持ちが伝わってきます。

子曰《しのたま》わく、異端《いたん》を攻《おさ》むるは、斯《こ》れ害《がい》あるのみ。（為政篇《いせいへん》）

先生がおっしゃった。
「本筋を離れた学説を学ぶことは、害になるだけである。」

何事も本質を捉えることは簡単ではありません。新しいものや珍しいものに魅力を感じることもあります。自分の好みのものに興味を持つことは悪いことではありません。しかしこの孔子の言葉は、真剣に学問をする者に向けて語ったものです。学問をする目的はよき人物になることです。そのためにはまず本物に触れることが大事です。原理・原則を学ぶことを第一としなければなりません。そのためにはよき師を得ることが重要になります。

「型破りは型を究めた人がすることだ」と名優が言った言葉が思い出されます。根本に力を注ぐのが孔子の教えです。特に若い頃には本筋から離れないようにしたいものです。時間がかかっても王道を踏んでいく人生でありたいです。

11月5日

子曰《しのたま》わく、学《がく》は及《およ》ばざるが如《ごと》くするも、猶之《なおこれ》を失《うしな》わんことを恐《おそ》る。（泰伯篇《たいはく》）

先生がおっしゃった。

「学問はいくら追いかけても追いつけないという気持ちでするものだ。それでもなお、目標を見失うことを心配し続けるという心がけも必要だ。」


学問をすることの厳しさを言っています。どれほど努力しても追いつけないという気持ちを持ち続けるのは難しいことです。恩師の豊かな学識、ものごとを究めていく姿、それらには決して追いつけない、いつもその背中しか見えない。あるいは自分には目指すものがあるのに、努力しても一向に近づけない。本気で学ぶということはこれほど厳しく遠い道のりであることを自覚しなさい、ということです。

あまりにも夢中になり過ぎて、目標を見失う恐れすらあるというのです。孔子の学問追究、自己修養の学者としての姿勢が窺えます。

11月6日

子《し》曰《のたま》わく、之《これ》を如何《いかん》せん、之《これ》を如何《いかん》せんと曰《い》わざる者《もの》は吾《われ》之《これ》を如何《いかん》ともすること未《な》きのみ。（衛霊公《えいれいこう》篇）

先生がおっしゃった。
「これはどうしたらよかろうか、どうしたらよかろうかと、自分で考えて答えを出そうとする者でなければ、私は導くことができない。」

優秀であることよりも、学ぶ姿勢の方が大事であることが、この言葉からわかります。まず自分から思慮を巡らしてどうにかして解決したいと思わなければ、どんなに素晴らしい先生がそばにいたとしても、その先生は何もしてあげられません。

自ら課題を見つけて、どうしたら答えを得られるかを考える。それには努力も悩みも苦しみも伴います。その厳しい道のりを越えた時に、達成感や満足感を得られるのです。先生も意欲的な人に熱く語りたいです。自分の全精力を瞳を輝かせる若者に注ぎたいです。

いつの時代も変わらない人間の心理です。

子曰《しのたま》わく、弟子《ていし》、入《い》りては則《すなわ》ち孝《こう》、出《い》でては則《すなわ》ち弟《てい》、慎《つつし》みて信《しん》あり。

先生がおっしゃった。
「若者たちよ、家にあっては親孝行をして、社会に出たら、目上の人に対して素直でありたいものだ。何ごとも丁寧に慎重に行い、言葉には偽りがないようにする。」

孔子が若者たちに望むことを全て言い尽くしたような言葉です。弟子《ていし》は広く若者たちへの呼びかけです。よき人物になることから始まるのが孔子の教えです。そのためには、まず家庭の中での行いが大事です。親孝行して兄弟姉妹が仲睦しくできれば、その人は社会に出ても大丈夫でしょう。年長者を敬い、素直に話を聞くことができるからです。

そして自らの言葉には責任を持つことも大事です。偽りを言わない、言葉と行いが一致しているから、人は信頼してくれるのです。自分がどのような人間であるかは、家庭、社会、国、世界へと視野を広げていった時に、それらの根幹をなすものです。

11月8日

汎《ひろ》く衆《しゅう》を愛《あい》して仁《じん》に親《した》しみ、行《おこな》いて余力有《よりょくあ》らば、則《すなわ》ち以《も》って文《ぶん》を学《まな》べ。（学而《がくじ》篇）

先生の言葉の続き
「広く人々を愛し、特に仁者には親しみ、そばにいてよき影響をたくさん受けるように。このようなことを実行してもなお余力があれば、学問をして教養を高めるのがよいだろう。」

広い視野で多くの人々と交わり慈《いつく》しむことは　やがてリーダーになる若者にとっては必須の要件です。そして徳のある人物に出会ったなら、その人のそばにいてよい影響を存分に浴びるように孔子は言っています。単に学問するだけではなく、人物から学ぶことも重要視している孔子の考えがよく出ています。

全てを実践してもまだ余力があるのなら学べと言っていますが、学ぶことを軽視しているわけではありません。学んだことを実践してみると、思ったようにできないことに気づき、工夫や発見につながります。進歩があるのです。学ぶことと実行は、両方が揃わないと先には進めません。若者たちもきっと気づいたでしょう。

11月9日

子《し》曰《のたま》わく、参《しん》や、吾《わ》が道《みち》は一《いつ》以《も》って之《これ》を貫《つらぬ》く。曽子《そうし》曰《い》わく、唯《い》。

先生がおっしゃった。

「参（曽子）よ。私の道は常にひとつの原理で貫かれてきたのだ。」

先生の言葉を聞いて曽子が言った。

「はい。」


孔子と曽子は四十六歳もの歳の差があります。孔子が最晩年にまだ二十代の曽子にしみじみと語った場面です。

自分の人生はたったひとつのものを貫いてきたと孔子が言い、曽子は迷うことなく、はいと答えています。このやり取りは、相手が曽子だったからできた会話です。孔子が多くを語らなくても、曽子は孔子が伝えたいことを理解していました。

11月10日

子《し》出《い》ず。門人《もんじん》問《と》いて曰《い》わく、何《なん》の謂《いい》ぞや。曽子《そうし》曰《い》わく、夫子《ふうし》の道《みち》は忠恕《ちゅうじょ》のみ。（里仁《りじん》篇）

先生が席を立って部屋を出られた。他の門人たちは「今の意味はどういうことですか。」とたずねた。
曽子が答えた。
「先生の貫かれた道は忠恕ですよ。」

夫子の道は忠恕のみ、という一言に曽子の優秀さや孔子を敬愛する気持ちが表れています。孔子が貫いたものは、仁であり恕であり、忠恕だったということです。一以ってという表現以外では表せなかったのでしょう。

忠は己の誠を尽くすということです。恕は相手の気持ちを自分の気持ちと同じくらい大事にするということです。究極の仁と言えます。人を愛すること、慮ること、全てが孔子の求めた唯一つのことに繋がるように感じます。それを貫いた人生だったと自信を持って語れた孔子の生き様は見事です。

11月11日

子貢《しこう》曰《い》わく、君子《くんし》の過《あやまち》や、日月《じつげつ》の食《しょく》の如《ごと》し。過《あやま》ちや人皆之《ひとみなこれ》を見《み》る。更《あらた》むるや人皆之《ひとみなこれ》を仰《あお》ぐ。（子張《しちょう》篇）

子貢が言った。
「君子の過ちは、日蝕《にっしょく》や月蝕《げっしょく》のようなものだ。君子は高い位にあるので、過ちを犯すと、人々に隠しようがない。しかし人々はその過ちを改める姿も見て、さすがは君子であると感服する。それはまるで日蝕や月蝕が終わったあとに再び光り輝くのと同じである。」

言葉が巧みな子貢ならではの表現です。当時は日蝕や月蝕は不思議な現象だったと想像できます。その自然現象をたとえにして、君子の姿を表しました。君子は高い位に居るので、失敗や過ちは隠しようがありません。また隠し立てをするようなこともしません。人々はあのような方でも過ちを犯すのかと驚きますが、失敗を速やかに改める態度を見て、さすがに立派な方だと感服するのです。それはまるで日蝕や月蝕の後に何事もなかったかのように日常に戻る様子と同じであると言うのです。

君子も過ちを犯すことがありますが、失敗の後の行動に小人との差が出るのです。

11月12日

子張《しちょう》曰《い》わく、士《し》危《あやう》きを見《み》ては命《めい》を致《いた》し、得《う》るを見《み》ては義《ぎ》を思《おも》い、祭《まつり》には敬《けい》を思《おも》い、喪《も》には哀《あい》を思《おも》う。其《そ》れ可《か》なるのみ。（子張篇）

子張が言った。
「士とは危急の時には命を投げ出して事に当たり、利得を見れば道義を思い、祭祀に当たっては敬虔な心で臨み、喪には哀悼の情を持つ。このような心がけができれば、士と言えるだろう。」

子張は孔子より四十八歳も若い弟子です。ここでは士の有るべき姿について語っています。緊急時の対応と利益を前にした時の態度については、私心をなくし義に従うことを言っています。危急の時には命を投げ出すことを良しとしているのではなく、命がけで事に当たれということです。利益がある時には道義を踏まえて、得てもいいものかどうかを判断する。そして祭祀や喪に際しては、そこに誠実さや真心がなくてはいけないと言っています。

この章句は士のあるべき姿を簡潔にまとめています。子張の賢さと性格が出ています。

11月13日

樊遅《はんち》従《したが》いて舞雩《ぶう》の下《もと》に遊《あそ》ぶ。曰《い》わく、敢《あ》えて徳《とく》を崇《たか》くして、慝《とく》を修《おさ》め、惑《まど》いを辯《べん》ぜんことを問《と》う。

弟子の樊遅が先生のお伴をして舞雩台のほとりを散歩しながらたずねた。
「己の徳を高め、心の奥にある悪を取り除き、心の惑いを明らかにするにはどのようにしたらよろしいでしょうか。」

樊遅は四十六歳も孔子より若い弟子です。学問はまだ深まっていませんが、素直な性格で疑問に思うことは躊躇《ちゅうちょ》せずに孔子にたずねています。ここでは随分難しい質問をしています。自分の徳を高める、心の奥にある悪をなくす、心の惑いを明らかにする。この三つは弟子の子張も孔子に質問しています。孔子門下で当時話題になっていたテーマだったのかもしれません。

樊遅は先生のお伴で舞雩台に散歩に行く道々、いかにものんびりとした雰囲気の中で、重い内容の質問をしています。舞雩台とは雨乞《あまご》いをする広場で、散歩に良い場所と言われています。

子曰《しのたま》わく、
善《よ》いかな問《とい》や。
事《こと》を先《さき》にし得《え》るを後《のち》にするは、徳《とく》を崇《たか》くするに非《あら》ずや。
其《そ》の悪《あく》を攻《せ》めて、人《ひと》の悪《あく》を攻《せ》むること無《な》きは、慝《とく》を修《おさ》むるに非《あら》ずや。
一朝《いっちょう》の忿《いかり》に、其《そ》の身《み》を忘《わす》れ、以《も》って其《そ》の親《しん》に及《およ》ぼすは、惑《まど》いに非《あら》ずや。（顔淵《がんえん》篇）

先生がおっしゃった。
「よい質問だなぁ。自分のやるべきことを先にして、その結果生ずる利益を後回しにすることが徳を高くすることになるのではないか。自分の中にある悪を厳しく責めて、人の悪を咎《とが》めない、それが心の中の悪をなくすことではないか。一時の怒りの感情を露わにして、その影響が家族にまで及ぶことが惑いを明らかにすることではないか。」

樊遅の質問に孔子は丁寧に答えています。しかも最初に「いい質問だねぇ」と言っています。樊遅との時間を楽しんでいる感じがします。語尾が「〜非ずや」とあるのは「〜ではないだろうか」という感じです。いかにも穏やかな雰囲気が感じられます。

私心を捨てて自分のやるべきことに集中する、常に自分を省みて、よくない点を改める、怒りの感情を抑える。孔子の答えは明快です。

子曰《しのたま》わく、大《だい》なるかな、堯《ぎょう》の君《きみ》為《た》るや。巍《ぎ》巍《ぎ》乎《こ》として、唯《ただ》天《てん》を大《だい》なりと為《な》す。唯《ただ》堯《ぎょう》之《これ》に則《のっと》る。

先生がおっしゃった。
「堯の君の徳はなんと大きいことであろう。偉大なものはただ天のみであるが、堯の君一人だけが、その天に斉しい。」

聖天子と言われる堯《ぎょう》・舜《しゅん》・禹《う》の三人を賛美する章句が『論語』にも出てきます。ここでは堯について述べています。

堯の存在は偉大な天と同じであると言い、その様子を巍巍乎と表しました。巍巍乎とは高大で雄大なさまです。天のみに与えられた全てのことが堯にも与えられたというのです。最高の賛辞です。

11月16日

蕩蕩乎《とうとうこ》として、民《たみ》能《よ》く名《な》づくる無《な》し。巍巍乎《ぎぎこ》として、其《そ》れ成功《せいこう》有《あ》り。煥乎《かんこ》として、其《そ》れ文章《ぶんしょう》有《あ》り。（泰伯篇）

先生の言葉の続き
「偉大な堯の政治は広くのびやかで、その素晴らしさを表す言葉を民は見つけられない。ただその功績と光り輝く礼楽制度による文化を見るのみである。」

堯の政治の素晴らしさは言葉では表せないほどだと言っています。広々とのびやかで雄大な感じを人々が抱いています。それは孔子が理想とする「無為にして治める」という君子の姿と重なります。

上に立つ者の徳に拠って国が治まり、人々が敬愛の気持ちを持ち、自分の心の中に恥を知ることが理想です。実現は難しくても、理想に近づこうとする気持ちが大切です。

子曰《しのたま》わく、禹《う》は吾《われ》間然《かんぜん》すること無《な》し。飲食《いんしょく》を菲《うす》くして、孝《こう》を鬼神《きしん》に致《いた》し、衣服《いふく》を悪《あ》しくして、美《び》を黻冕《ふつべん》に致《いた》し、宮室《きゅうしつ》を卑《いや》しくして、力《ちから》を溝洫《こうきょく》に尽《つ》くす。禹《う》は吾《われ》間然《かんぜん》すること無《な》し。（泰伯篇）

先生がおっしゃった。
「禹の政治は非の打ちどころがない。自分の飲食は質素にして、先祖の霊や天地の神への供え物を豊かにしている。日常の衣服は粗末にして、祭礼の式服を立派にしている。自分の住まいは簡素にして、灌漑用の水路の整備をしている。つまり禹には非の打ちどころがない。」

禹王の政治を称えている章句です。堯・舜・禹と三代続く聖天子ですが、禹は舜の賢臣の一人で土木に通じた人物でした。

私心を捨て、公や民のことを最優先にする、先祖や神を敬う。これらのことを実践しようとすると、自らの衣食住は質素に慎み深くなり、先祖や神を丁寧に祭ることになります。それを当たり前に行っていたのが禹なのです。灌漑用の水路建設にも進んで尽力したところは、いかにも土木に通じていた禹らしさが感じられます。禹の姿を通して考えさせられることがたくさんあります。自分たちの先祖や神という目には見えないものへの敬意も大事にしたいと思います。

11月18日

哀公《あいこう》問《と》うて曰《い》わく、
何《なに》を為《な》さば則《すなわ》ち民服《たみふく》せん。
孔子対《こうしこた》えて曰《のたま》わく、
直《なお》きを挙《あ》げて諸《これ》を枉《まが》れるに錯《お》けば則《すなわ》ち民服《たみふく》す。
枉《まが》れるを挙《あ》げて諸《これ》を直《なお》きに錯《お》けば則《すなわ》ち民服《たみふく》せず。
（為政篇）

魯公の哀公が孔子にたずねた。

「どうすれば民が服従してくれるだろうか。」

先生がお答えしておっしゃった。

「正しい人を登用して、正しくない者の上に置けば、民は従ってくれるでしょう。反対に正しい人の上に正しくない者を置くと、民は従ってくれません。」


魯公がこのような質問をするということは、うまく治まっていないことを表しています。孔子は人事について助言しています。よき人物を上におくことです。直きを挙げてとは、まっすぐでよき人物を登用し、その人を重要ポストに就けるということです。それを木材の積み方で表しました。まっすぐなよき材を上にして、その下に反った材を置く。そうするとよき材の重みで下の反った材がまっすぐなると言うのです。

よきリーダーには感化する力があります。孔子は未熟な者を見捨てるのではなく、導くことでよき人物にすることを説いています。

11月19日

子曰《しのたま》わく、篤《あつ》く信《しん》じて学《がく》を好《この》み、死《し》を守《まも》りて道《みち》を善《よ》くす。危邦《きほう》には入《い》らず、乱邦《らんぽう》には居《お》らず。

先生がおっしゃった。
「篤く道を信じて学問を好み、命がけでその道を守り実践していかなければならない。そのためには危険な国には足を踏み入れない、乱れた国には滞在しないようにする。」

孔子は一生学び続けて、それを常に実践で活かすことを求めています。人として踏むべき道を篤い志を以って進み、その道をよりよいものになるように努力を続ける。その姿勢を貫くためには、自ら危険なところに行ったり、滞在しない。徹底した信念です。

孔子はあくまでも自分の命を全うして、最後まで自分の思いを伝えることを使命と信じていたのでしょう。

11月20日

天下《てんか》道《みち》有《あ》れば則《すなわ》ち見《あらわ》れ、道《みち》無《な》ければ則《すなわ》ち隠《かく》る。邦《くに》に道《みち》有《あ》るに、貧《まず》しくして且《か》つ賤《いや》しきは恥《はじ》なり。邦《くに》に道《みち》無《な》きに、富《と》み且《か》つ貴《たっと》きは恥《はじ》なり。（泰伯篇）

先生の言葉の続き
「天下に道が行われている時には自分の力を発揮し、道義が廃れた時には隠れて表に出ない。国に道義があって、よく治まっているのに自分が貧しく地位を得られないとしたら、自分の力不足を恥ずかしいと思い、これに反して道義が廃れた世の中で、出世し富を得たとしたら、これも恥ずべきことである。」

道義がある時、廃れた時、自分はどのように処したらいいのか。それも明確です。道義があれば力を発揮し、道義が失われた時には表に出ないで研鑽を積んでおく。

政治が腐敗した世の中で、高い地位を得て富を築くのを恥とし、よき世の中で活躍の場がない自分の力不足も恥だと言っています。孔子の言葉のように生きたくてもできないのが現実の世の中です。自分の置かれた環境の中で、できる限り理想に近づけるように奮闘することが大事なのだと思います。孔子の言葉は「〜すべし」と捉えると窮屈です。時々取り出して自分の心の軌道修正に役立てればいいのです。

子曰《しのたま》わく、由《ゆう》や、女六言六蔽《なんじりくげんりくへい》を聞《き》けるか。

対《こた》えて曰《い》わく、未《いま》だし。

居《お》れ、吾女《われなんじ》に語《かた》らん。

仁《じん》を好《この》めども学《がく》を好《この》まざれば、其《そ》の蔽《へい》や愚《ぐ》なり。

知《ち》を好《この》めども学《がく》を好《この》まざれば、其《そ》の蔽《へい》や蕩《とう》なり。

信《しん》を好《この》めども学《がく》を好《この》まざれば、其《そ》の蔽《へい》や賊《ぞく》なり。


先生が弟子の子路にたずねられた。

「由（子路）よ。お前は六言六蔽を知っておるか。」

子路が「存じません。」と答えると、先生がおっしゃった。

「まぁお座り、私が話してあげよう。仁を好んでも学問をしないと、その弊害に愚となる。知を好んでも学問をしないと、その弊害は蕩になる。信を好んでも学問をしないと、その弊害は絞になる。」


孔子が子路に学問することの大切さを伝えています。どんなによい徳も学問しないと六つの弊害が起こると言い、その例を話し始めます。

仁を好んでも学ばないと、仁の本質がわからず、欺かれたり、情に流されたりする。知を好んでも学ばないと博学を誇ったり、知識や教養にまとまりがなくなる。信を好んでも学ばないと、過信したり迷信によって自分の心や人を害うことになる。

孔子は仁・知・信について、学ばないと生じるそれぞれの弊害を愚・蕩・賊と言いました。行き過ぎた仁は愚、蕩は乱れること、賊は害うことです。

11月22日

直《ちょく》を好《この》めども学《がく》を好《この》まざれば、其《そ》の蔽《へい》や絞《こう》なり。勇《ゆう》を好《この》めども学《がく》を好《この》まざれば、其《そ》の蔽《へい》や乱《らん》なり。剛《ごう》を好《この》めども学《がく》を好《この》まざれば、其《そ》の蔽《へい》や狂《きょう》なり。（陽貨《ようか》篇）

先生の言葉の続き
「直を好んでも学ばないと、自分や人を責めるので絞になる。勇を好んでも学ばないと乱になる。剛を好んでも学ばないと、狂になる。」

直を好んでも学ばないと絞になる。自分に人にも厳しくなるので、逃げ場がなくなります。勇を好んでも学ばないと乱になる。行動力や決断力があることは素晴らしいですが、その発揮の仕方や状況を分析できなければ、ただの乱暴者になってしまいます。剛を好んでも学ばないと狂になる。剛さは正しさが伴わないと常軌を逸したことになってしまいます。

直、勇、剛も学ぶことによって、正しい発揮方法を知ることになります。学ぶことは自分の持っているよき徳を磨いてくれます。自分の思い込みや驕った気持ちに気づかせてくれます。学ぶと謙虚になれます。

斉《せい》の景公《けいこう》政《まつりごと》を孔子《こうし》に問《と》う。
孔子《こうし》対《こた》えて曰《のたま》わく、
君《きみ》、君《きみ》たり、臣臣《しんしん》たり、父父《ちちちち》たり、子子《こ》たり。
公《こう》曰《い》わく、
善《よ》いかな、信《まこと》に如《も》し君君《きみきみ》たり、臣臣《しんしん》たり、父父《ちちちち》たり、
子子《こ》たらずんば、
粟《ぞく》有《あ》りと雖《いえど》も、吾《われ》得《え》て諸《これ》を食《くら》わんや。（顔淵篇）

斉の国の景公が孔子に政治の要諦についてたずねた。

先生がお答えしておっしゃった。

「君は君らしく、家臣は家臣らしく。同様に父は父らしく、子は子らしくすることです。」その言葉を聞いて景公が言った。

「それは誠によい言葉だ。もし君が君らしくなく、家臣が家臣らしくなく、父が父らしくなく、子が子らしくなければ、国に十分な穀物があったとしても私は安心して食べることができない。」


孔子の言葉は簡潔で分かりやすい表現ですが、中身は深く豊かです。斉の国は政治が不安定で、のちに景公の後継者争いも起こっています。そのような国情ですので、孔子は君君たり、臣臣たり、父父たり、子子たり、と言いました。それぞれが自分の立場を弁えて分を果たすことを孔子は説きました。

景公の答えに孔子は失望したに違いありません。君君たりと言われたら、まず己を省みる姿勢を見せてほしかったはずです。しかし「それは誠によい言葉だ。」という反応には危機感が感じられません。君主は私心を捨て、己の誠を尽くす姿を示すことで、人々が従ってくれるのです。

11月24日

子《し》曰《のたま》わく、君《きみ》に事《つか》えては、其《そ》の事《こと》を敬《けい》し、其《そ》の食《しょく》を後《あと》にす。（衛霊公篇）

先生がおっしゃった。
「君に仕えるには、慎重に自分の職務に励み、俸禄のことは後にする。」

上の者に仕える時には、誠実に真心を以って職務に励むことが第一に大事なことです。一方、上の者は公平に正しく評価し、報酬や待遇を与えられることが重要です。

両者に信頼関係があれば、人々は安心して仕事に精を出せます。これは現代でも同じです。公平に評価をしてくれることがわかっていれば、仕事に集中でき、仕事の質も上がります。安心感がなければ、仕事に集中できません。あるいは報酬の事ばかりを考えることになります。理解し合える、よき関係や環境が大事です。

子《し》、子貢《しこう》に謂《い》いて曰《のたま》わく、女《なんじ》と回《かい》孰《いず》れか愈《まさ》れるか。対《こた》えて曰《い》わく、賜《し》や何《なん》ぞ敢《あ》えて回《かい》を望《のぞ》まん。

先生が子貢にたずねた。

「お前と顔回とはどちらがまさると思うか。」

子貢が言った。

「私などどうして顔回と比べられるでしょうか。」


孔子は子貢との会話を楽しんでいるかのようです。孔子門下では顔回の優秀さは誰もが認めるところです。それなのに敢えて子貢に顔回とお前はどちらが優秀かなどと聞いています。

子貢がどのように答えるのか、孔子はいろいろな答えを密かに想像していたかもしれません。子貢は、私などとても顔回と肩を並べることなどできません、と言いました。頭脳明晰で雄弁家の子貢もさすがにこの場面では謙虚です。

11月26日

回《かい》や一《いち》を聞《き》いて以《も》って十《じゅう》を知《し》る。賜《し》や一《いち》を聞《き》いて以《も》って二《に》を知《し》る。子曰《しのたま》わく、如《し》かざるなり。吾《われ》と女《なんじ》と如《し》かざるなり。（公冶長篇《こうやちょう》）

子貢の言葉の続き
「顔回は一を聞いて十を知るほどの優秀さですが、私は一を聞いて二しか知ることができません。」
子貢の言葉を聞いて、先生がおっしゃった。
「誠にその通りだ。お前は顔回には及ばないな。だが私も顔回には及ばない。お前も私も及ばないのだ。」

※一を聞いて以って十を知る、という慣用表現はこの章句が出典。

子貢が顔回は一を聞いて十を知るが、私はやっと二を知る程度だと言いました。顔回の優秀さを認めながらも、二を知ると言ったところに子貢らしさが出ています。全くわからないのではなく二を知る、とほんの少し自慢をしました。子貢のこんなところを孔子は可愛いと思っていたのでしょう。

さらに孔子が子貢だけではなく、私も顔回には及ばないと言いました。顔回の優秀さを認めつつ、子貢の気持ちにも呼応している孔子の姿も魅力的です。心が通じ、打てば響くような師弟関係が浮かび、読んでいて楽しい章句です。

子貢《しこう》、仁《じん》を為《な》すことを問《と》う。
子《し》曰《のたま》わく、
工《こう》、其《そ》の事《こと》を善《よ》くせんと欲《ほっ》せば、
必《かなら》ず先《ま》ず其《そ》の器《き》を利《り》にす。
是《こ》の邦《くに》に居《お》るや、其《そ》の大夫《たいふ》の賢者《けんじゃ》に事《つか》え、
其《そ》の士《し》の仁者《じんしゃ》を友《とも》とす。（衛霊公篇）

子貢が仁を実践する方法をたずねた。
先生が答えておっしゃった。
「たとえば大工がいい仕事をしようと思ったら、必ず道具の手入れをして鋭利にしておく。同じように人が仁を実践しようとする時には、その国の賢大夫に仕え、よき士を友とすることだ。」

仁の実践について子貢が質問しています。最高の仕事をするために、職人は道具を大事にして、磨いて丁寧に手入れをして、鋭利にしておきます。では人が仁を実践するにはどうしたらいいのか。孔子はまず自分がよき人物にならないと、仁を発揮することはできないと説いています。自分を磨いてくれるものがよき師友との交わりです。上司であっても友人や仲間であっても、よき人物によって自分が磨かれていきます。

仁を実践しようとしたら、仁者のそばにいることが最良の方法と言えます。

子貢《しこう》、友《とも》を問《と》う。子曰《しのたま》わく、忠告《ちゅうこく》して善《よ》く之《これ》を道《みちび》き、不可《ふか》なれば則《すなわ》ち止《や》む。自《みずか》ら辱《はずかし》めらるること無《な》かれ。（顔淵篇）

子貢が友人とのつき合い方をたずねた。
先生が答えておっしゃった。
「心を込めて過ちを告げて、正しく導くことが大事である。しかしどうしてもうまくいかない時には、一旦やめる。しつこくして自分が恥をかくようなことにならないようにすることだ。」

友達との関係をどのように築いたらいいのか、子貢は実際に悩んでいたのかもしれません。先生の答えはきっと子貢の心に響いたでしょう。友人にもし過ちがあったとしたら、誠実に丁寧に真心込めて注意してみる。もし受け入れられなければ、それ以上は言わないでそっとしておく。しつこくすると嫌われるのは、今も同じです。自分には悪気はなくても、相手が気分を害すると気まずくなります。

自分も面目がつぶされ、却って恥をかくことにもなるかもしれません。程々の距離を取ることを孔子は伝えています。

子《し》曰《のたま》わく、
知《ち》之《これ》に及《およ》べども、仁《じん》能《よ》く之《これ》を守《まも》らずんば、
之《これ》を得《う》と雖《いえど》も、必《かなら》ず之《これ》を失《うしな》う。
知《ち》之《これ》に及《およ》び、仁《じん》能《よ》く之《これ》を守《まも》れども、
荘《そう》以《も》って之《これ》に涖《のぞ》まざれば、則《すなわ》ち民《たみ》敬《けい》せず。

先生がおっしゃった。
「上に立つ者はその地位に相応しい知識があっても、仁に依って行動しなければ、やがてその地位を失うことになる。知識があり、仁に依って行動しても、そこに威厳を以って事に当たらなければ、人からは尊敬されないだろう。」

知識や技術は仕事をしていく上で必須のものです。しかしこれだけでは到底十分とは言えません。常に仁から離れない態度が大事です。もしそれができないのであれば、現状を維持することもできなくなります。知と仁が揃えば、人々は従ってくれます。

さらに荘、つまり威厳が必要です。内面から滲み出る品格や威厳が身につくと、人々はただ服従するのではなく、尊敬の気持ちを持って仕事に励み、ついてきてくれます。

11月30日

知之《ちこれ》に及《およ》び、仁《じん》能《よ》く之《これ》を守《まも》り、荘《そう》以《も》って之《これ》に涖《のぞ》めども、之《これ》を動《うご》かすに礼《れい》を以《も》ってせざれば、未《いま》だ善《よ》からざるなり。（衛霊公篇）

先生の言葉の続き
「地位に相応しい知識があり、仁に依って行動して、威厳を以って人々に臨んでも、人を使い動かす時に礼を以ってしないと、完全とは言えない。」

孔子は、知、仁、荘にもう一つを加えました。それは礼です。自分が身につけたものは、実社会で活かさなければ学んだ意味がないと孔子は考えています。

実践する時に大事なものが礼です。社会規範を意味しますが、秩序とも言えます。人に対する気遣いです。どんなに優秀でも礼から外れたやり方では、社会では認められません。

知、仁、荘、礼。この四つが揃って君子なのです。私たちは知に重きを置きがちですが、内面の充実も忘れてはいけないですね。じんわりと滲み出る品格のある人物は憧れです。一歩でも近づけるように、日々を丁寧に大事に過ごしたいものです。

十二月

子曰《しのたま》わく、学《まな》んで時《とき》に之《これ》を習《なら》う、亦説《またよろこ》ばしからずや。朋有《ともあ》り遠方《えんぽう》より来《きた》る、亦楽《またたの》しからずや。人知《ひとし》らずして慍《いきどお》らず、亦君子《またくんし》ならずや。（学而篇《がくじ》）

先生がおっしゃった。

「学んだことを常に繰り返し習っていると、理解が深まって自分のものとなる。なんと嬉しいことだろう。共に志を持って勉学に励む仲間が遠くからやってきて、学問について語り合えたら、こんな楽しいことはない。世の中の人々が自分を認めてくれなくても、不満を言わずに自分の道を進み続けられる人物はなんと立派であろう。」

これは『論語』の冒頭の章句で、最も有名な言葉のひとつと言えます。学ぶ喜び、よき仲間の存在、学び続ける君子の姿を説いています。この三つが『論語』の柱です。

学んだことはそのままにせず、自分で考えて実践してみると、ある時腑《ふ》に落ちる瞬間がやってきます。その時の感激が学ぶ喜びです。この部分が学習という言葉の出典です。

よき仲間を得て、共に歩み語り合えたら、こんな楽しいことはありません。しかし頑張っても思い通りにならないこともあります。誰も自分を評価してくれないこともあります。たとえそうであっても気にせずに、自分の信じた道を歩み続けられる人こそが素晴らしいのです。

12月2日

子夏《しか》曰《い》わく、百工《ひゃくこう》は肆《し》に居《い》て以《も》って其《そ》の事《こと》を成《な》し、君子《くんし》は学《まな》びて以《も》って其《そ》の道《みち》を致《いた》す。（子張《しちょう》篇）

子夏が言った。
「職人たちは自分の仕事場で仕事を完成させる。君子は学問して人の道を究め、完成させる。」

子夏は孔子の晩年の弟子で、四十四歳も孔子との年の差があります。学問好きで孔子のような学者を目指していました。そんな彼らしい表現です。職人たちが仕事をするのは、自分たちの仕事場です。そこには作業をするための最高の道具と環境があるからです。

では君子はどのようにして自らを高め、よい仕事をしたらいいのでしょう。道を致す、つまり先哲の学問を学ぶことによって、自分の道を究めていくのだと子夏は言いました。

知識やテクニックだけでは人を動かすことも、心を動かすこともできません。先哲の教えを学び、原理・原則を知ることも必要です。

※この章句が庄内藩校「致道館」の校名の由来。

12月3日

或《あ》るひと曰《い》わく、徳《とく》を以《も》って怨《うらみ》に報《むく》ゆる。何如《いかん》。子曰《しのたま》わく、何《なに》を以《も》ってか徳《とく》に報《むく》いん。直《ちょく》を以《も》って怨《うらみ》に報《むく》い、徳《とく》を以《も》って徳《とく》に報《むく》いん。（憲問篇《けんもんへん》）

ある人が孔子にたずねた。

「人から理不尽なことや腹の立つことをされた時の怨みの感情に、徳で報いたらいかがでしょう。」

先生がおっしゃった。

「怨みに報いるのに徳を以ってしたら、徳を与えられた時には、何を以って報いればいいのか。怨みには正しさを以って報い、徳には徳を以って報いるのがいいだろう。」


どんなことにも徳を以って報いることがいいように感じますが、孔子ははっきりと区別しています。怨みの感情を抱かされたら、それに対しては私心のない正しさを以って報いるようにと言っています。理不尽なことや不快なことをされたら冷静ではいられませんが、自分の感情に関係なく正しさを以って対応するということです。これはかなり難しそうです。

一方、徳を以って接してくれた人には、感謝の気持ちや嬉しい感情が自然に湧いてくるものです。その時にこそ自分の徳でお返しができたらいいですね。真心には真心で応えるということです。

12月4日

子曰《しのたま》わく、君子《くんし》は争《あらそ》う所無《ところな》し。必《かなら》ずや射《しゃ》か。揖譲《ゆうじょう》して升下《しょうか》し、而《しこう》して飲《の》ましむ。その争《あらそ》いや君子《くんし》なり。（八佾《はちいつ》篇）

先生がおっしゃった。
「君子は争うことをしない。もし争うことがあるとすれば、弓道であろうか。お互いに譲り合って堂に上り、射終わると静かに堂から下る。勝負が終われば、酒を酌み交わす。これこそが君子らしい立派な争いである。」

孔子は君子は争わないと語っています。ただひとつ争うことがあるとすれば弓道（射《い》《しゃ》）です。弓道場へ上る時から射終わって退く時までの美しい所作、これこそが君子の姿です。勝負が終われば盃《さかずき》を傾けながら語り合う。清々《すがすが》しい雰囲気です。「君子は矜《きょう》にして争わず」という章句もあります。君子は拠り所になるものを持っているので、心が穏やかで安定しています。人と不必要な争いをしたりしません。

孔子は力ずくの政治を好みません。君子による徳治政治を理想としています。この弓道を通してのやり取りにもそれが感じられます。

子曰《しのたま》わく、由《ゆう》、女《なんじ》に之《これ》を知《し》るを誨《おし》えんか。之《これ》を知《し》るを之《これ》を知《し》ると為《な》し、知《し》らざるを知《し》らずと為《な》す。是《こ》れ知《し》るなり。（為政《いせい》篇）

先生が子路《しろ》に向かっておっしゃいました。
「由（子路）よ、お前に知るということを教えようか。知っていることは知っているとし、知らないことは知らないとはっきりさせる。これが本当に知るということだ。」

子路は武勇の人です。孔子とその年の差が九歳しかないこともあり、孔子にずけずけとものを言うこともあります。義を重んじる熱血漢であり、行動力がある点を孔子も高く評価していますが、学問により思慮が深まることを期待しています。

知るとはどういうことか、孔子がじっくりと諭すように子路に語りかけています。知っていることと知らないことの区別がついていることが本当に知るということだと。

わかっているつもりでも、本当はよく理解していないことがあります。私たちは知るということを簡単に考え過ぎているように思います。

子曰《しのたま》わく、子路《しろ》、聞《き》くこと有《あ》りて、未《いま》だ之《これ》を行《おこな》うこと能《あた》わざれば、唯《た》だ聞《き》く有《あ》らんことを恐《おそ》る。（公冶長《こうやちょう》篇）

先生がおっしゃった。
「子路は一つの善言を聞いたら、それを実践できないうちは、さらに新しい善言を聞くことを恐れた。」

孔子からの助言を受け止めて、素直に実践している子路の姿がここにあります。孔子との出会いによって子路は揺るがない心の拠り所ができ、武勇の道を自信を持って進めたのだと思います。行動力があっても方向を誤ってはいけないです。人の気持ちを察することができなくては単なる乱暴者になりかねません。子路がリーダーシップを発揮できたのは、内面の充実を得たからです。

ひとつのことが解決したら次に進む。その丁寧さと慎重さは、変化が早く激しい現代にも重要です。時には立ち止まり、自分を見つめてみることも大事です。

子曰《しのたま》わく、直《ちょく》なるかな史魚《しぎょ》、邦道《くにみち》有《あ》れば矢《や》の如《ごと》く、邦道無《くにみちな》きも矢《や》の如《ごと》し。

（衛霊公《えいれいこう》篇）

先生がおっしゃった。
「まっすぐだなぁ、史魚は。国に道が行われている時には、矢のようにまっすぐで、国が乱れている時にもまっすぐである。」

史魚は衛《えい》の国の大夫です。直とはまっすぐなことです。国がうまく治まっている時にも、道義が廃れて、よく治まっていない時にも、史魚の態度はまっすぐだと孔子は言いました。社会の状況がどのような状態でも、直言し実行する正直な態度で一貫していました。
「直なるかな史魚」という表現は、史魚のまっすぐさを強調しています。そのまっすぐさは孔子の価値観と違うことも含んでいます。

12月8日

君子《くんし》なるかな蘧伯玉《きょはくぎょく》、邦道有《くにみちあ》れば則《すなわ》ち仕《つか》え、邦道無《くにみちな》ければ則《すなわ》ち巻《ま》きて之《これ》を懐《ふところ》にすべし。（衛霊公篇）

先生の言葉の続き
「君子だなぁ、蘧伯玉は。国に道が行われている時には、自分の能力を十分に発揮し、国に道が失われた時には退いて、自分の能力は隠しておく。」

史魚とは異なる姿勢がわかります。史魚のことは直と表し、蘧伯玉のことは君子かなと言いました。明らかに差があります。

蘧伯玉は衛の国の賢大夫です。身の処し方は孔子の価値観と同じです。国がよく治まっている時には、大いに能力を発揮し、国のために力を尽くす。しかし政治が腐敗し、国が治まっていない時には、自分の能力は隠すと言いました。

「巻きて之を懐にすべし」とは、自分の才能を巻いて懐にしまうということです。乱世には自らの意志で才能を隠す、あるいは重要ポストには就かないということです。社会状況に合わせて出処進退を決められる心の余裕を孔子はよしとし、蘧伯玉に賛同しています。

12月9日

季康子《きこうし》、政《まつりごと》を孔子《こうし》に問《と》う。孔子《こうし》対《こた》えて曰《のたま》わく、政《せい》は正《せい》なり。子《し》帥《ひき》いるに正《せい》を以《も》ってせば、孰《たれ》か敢《あ》えて正《ただ》しからざらん。（顔淵《がんえん》篇）

季康子が政治の要諦《ようてい》をたずねた。
先生がおっしゃった。
「政は正ということです。上に立つ者が率先して正しいことを行えば、誰が敢えて不正を行うでしょうか。」

季康子は魯《ろ》の国の大夫です。彼が政治のあるべき姿を孔子にたずねています。魯の国では季氏一族が政治をほしいままにしている状態です。上に対する敬いがなく民には愛情がありません。当然領地はうまく治まりません。

政は正なり。政治とは不正を正すことです。果たして孔子の言葉の真意を季康子は理解できたのでしょうか。

うまく治めたいのであれば、まずあなたが率先して善行を積まなければ、治まるはずがありません。リーダーは自らを省みて、その上で感化する力を発揮しなければなりません。季康子には通じていなかったようです。

12月10日

子曰《しのたま》わく、予《われ》言《い》うこと無《な》からんと欲《ほっ》す。子貢《しこう》曰《い》わく、子《し》如《も》し言《い》わずんば、則《すなわ》ち小子《しょうし》何《なに》をか述《の》べん。子曰《しのたま》わく、天何《てんなに》をか言《い》わんや、四時《しじ》行《おこな》われ、百物《ひゃくぶつ》生《しょう》ず。天何《てんなに》をか言《い》わんや。（陽貨《ようか》篇）

先生がおっしゃった。

「私はもう何も語るまい。」

すると子貢は
「もし先生がお話しして下さらなかったら、どうして私たちは先生の教えを学び、伝えることができるのでしょうか。」

先生はおっしゃった。

「天は何か言うだろうか。何も言わないが、四季は巡り、万物はそれぞれの命を育んでいるではないか。天は何かを言うだろうか。」


孔子のつぶやきに弟子の子貢は驚いています。孔子は尽きることのない泉のように永遠に語り続けてくれるものだと皆信じていたでしょう。特に言語能力の高い子貢にとっては衝撃的な言葉だったに違いありません。

孔子の言葉は胸に響きます。天は私たちに言葉で語りかけてくるかい？　そうではないだろう。人間社会がどのような状況でも変わることなく四季は巡り、新しい命を育んでいるではないか。そろそろ私の言葉に頼ることをやめてごらん。

言葉では説き尽くせない真理があることを感じてほしかったのでしょう。

12月11日

子曰《しのたま》わく、鄙夫《ひふ》は与《とも》に君《きみ》に事《つか》うべけんや。其《そ》の未《いま》だ之《これ》を得《え》ざるや、之《これ》を得《え》んことを患《うれ》う。既《すで》に之《これ》を得《う》れば、之《これ》を失《うしな》わんことを患《うれ》う。苟《いや》しくも之《これ》を失《うしな》わんことを患《うれ》うれば、至《いた》らざる所《ところ》無《な》し。（陽貨篇）

先生がおっしゃった。
「志を持たず、理想も描かない人物とは、共に君に仕えることはできない。どうしてかと言えば、そのような者は、まだ地位や禄《ろく》を得ない時には、どうしたらこれらを得られるかということばかり考える。一旦、地位や禄を得ると、それを失うことを心配する。失わないためには何でもやりかねない。」

いつの世にも聞くような話です。孔子の時代にも高い地位や富に固執する者が多かったことが想像できます。

当時の高い身分の者といえば政治家や官僚です。国造りに直接かかわる人たちです。そのような立場の人物は私利私欲があってはいけないのです。公のために尽くす覚悟がなくてはなりません。

地位を得ると得意になったり、職権乱用で幅を利かす人がいます。またそのような人に限って、引き際がきれいではありません。富貴《ふうき》に心惑わされないためには志も必要ですが、人としていかにあるべきか、という本質を見失わないことが大事です。

12月12日

憲恥《けんはじ》を問《と》う。子曰《しのたま》わく、邦道有《くにみちあ》れば穀《こく》す。邦道無《くにみちな》くして穀《こく》するは恥《はじ》なり。

（憲問篇）

憲が恥についてたずねた。
先生がおっしゃった。
「国に道が行われていて、よく治まっている時には、お仕えして禄を頂く。国に道が行われず、乱れている時に禄を頂くのは恥である。」

憲は孔子の弟子の子思《しし》で魯の人。清廉で不欲の人と言われていました。正しい政治が行われている時には、自分の能力を存分に発揮して、正当な報酬を得る。それに対して道義が廃れていて、正しい政治が行われていない時に、過分な俸禄を得るのは恥だと孔子は言っています。これは他の章句でも触れていますが、孔子の基本的な考え方です。

職務を遂行することよりも、富貴を優先する人物が増えれば、国がうまく治まらなくなるのは必然です。孔子は恥という感覚を持たなくなった人が増えたことも嘆いているのでしょう。

12月13日

定公《ていこう》問《と》う、一言《いちげん》にして以《も》って邦《くに》を興《おこ》すべきこと、諸《こ》れ有《あ》りや。
子《し》曰《のたま》わく、
言《げん》は以《も》って是《かく》の若《ごと》く其《そ》れ幾《き》すべからざるなり。
人《ひと》の言《げん》に曰《い》わく、君《きみ》為《た》ること難《かた》し、臣《しん》為《た》ることも易《やす》からずや。
如《も》し君《きみ》為《た》ることの難《かた》きを知《し》らば、一言《いちげん》にして邦《くに》を興《おこ》すに
幾《き》からずや。（子路《しろ》篇）

定公が孔子にたずねた。
「たった一言で国を興すほどの言葉があるだろうか。」
先生がお答えしておっしゃった。
「適当な言葉ではないかもしれませんが、それに近い言葉がございます。世間ではこのように言っております。『君となることは難しく、臣となることも容易ではない。』と。この君となることの難しさを知るならば、これこそがたった一言で国を興す言葉ではないでしょうか。

魯の国の定公は随分思い切った質問をしました。たった一言で国が隆盛するような言葉がないかと。孔子の答え方は興味深いです。自分の言葉で語るのではなく、世間の人の言葉を引用しました。

君たるのは難しい、臣たるのも容易ではない。人の上に立つことの難しさを本当に理解できたなら国は栄えていくということです。平易な言葉ですが、そこに秘められた深い意味を理解できなければ、単に表面的に理解したことにしかなりません。孔子はどのような思いで、この言葉を発したのでしょう。

この章句は次ページのように続きます。

12月14日

曰《い》わく、一言《いちげん》にして以《も》って邦《くに》を喪《ほろ》ぼすべきこと、諸《こ》れ有《あ》りや。孔子《こうし》対《こた》えて曰《のたま》わく、言《げん》は以《も》って是《かく》の若《ごと》く其《そ》れ幾《き》すべからざるなり。人《ひと》の言《げん》に曰《い》わく、予《われ》君《きみ》為《た》ることを楽《たの》しむこと無《な》し。唯《ただ》其《そ》の言《げん》にして予《われ》に違《たが》うこと無《な》し。如《も》し其《そ》れ善《ぜん》にして之《これ》に違《たが》うこと莫《な》きや、亦《また》善《よ》からずや。如《も》し不善《ふぜん》にして之《これ》に違《たが》うこと莫《な》きや、一言《いちげん》にして邦《くに》を喪《ほろ》ぼすに幾《き》からずや。(子路篇)

定公が続けてたずねた。

「たった一言で国を亡《ほろ》ぼす言葉はあるだろうか。」

先生がお答えしておっしゃった。

「適当な言葉ではないかもしれませんが、それに近い言葉がございます。世間ではこのように言っております。『自分は君主となっても何の楽しみもないが、ただ何を言っても誰も反対する者がいないが楽しい。』と。もし君の言うことが善で逆らう者がいないのはいいが、もし悪いのに誰も逆らうことがなければ、これこそは国は滅ぼす言葉ではないでしょうか。」

定公はたった一言で国を亡ぼすような言葉についてもたずねています。孔子は同じように世間の人の言葉を引用して答えています。

君主が自分には何も楽しみがないが、自分に逆らう者が誰もいないことが唯一の楽しみだ。これは危険なことです。上の者の善言には、皆が従うことが当たり前で、望ましいことです。一方、わがままを言う、明らかに正しくない政策を打ち出す。直言する者がいないと国は滅亡します。

どんな名言を聞いても、その真理を理解できなければ意味がありません。

12月15日

子曰《しのたま》わく、其《そ》の鬼《き》に非《あら》ずして之《これ》を祭《まつ》るは諂《へつら》いなり。義《ぎ》を見《み》て為《な》さざるは勇無《ゆうな》きなり。（為政篇）

先生がおっしゃった。

「自分の祖先以外のものを祭るのは諂いである。人としてなさねばならないことがわかっていながら行わないのは、真の勇気がないからだ。」

鬼は自分の祖先の霊のことです。孔子の時代には祖先の霊や山川の神を祭ることは重要な行事であり、それぞれが礼によって行われていました。しかし自分の祖先ではない霊を祭ったり、身分不相応な祭礼が行われるようになっていました。礼は社会の秩序とも言えます。人々の心遣いです。それが廃れていることを孔子は嘆いています。

また反対にするべきことをしない態度にも嘆いています。本来、どうすべきかとわかっていながら実行しない人も多かったようです。人の目を気にして遠慮する。損得を考えて黙っている。正義を語るけれども実行はしない。

人が陥りやすいことを鋭く指摘しています。

12月16日

司馬牛《しばぎゅう》仁《じん》を問《と》う。
子曰《しのたま》わく、
仁者《じんしゃ》は其《そ》の言《げん》や訒《しの》ぶ。
曰《い》わく、
其《そ》の言《げん》や訒《しの》ぶ。斯《こ》れ之《これ》を仁《じん》と謂《い》うか。
子曰《しのたま》わく、
之《これ》を為《な》すこと難《かた》し。之《これ》を言《い》うに訒《しの》ぶ無《な》きを得《え》んや。

（顔淵篇）


司馬牛が仁についてたずねた。

先生がおっしゃった。

「仁とは言葉を謹んで控えめにすることだ。」

司馬牛は驚いてさらにたずねた。

「言葉を忍ぶ、言うことを言い渋ることくらいで仁といえるのですか。」

先生はおっしゃった。

「言ったことを実行するのは難しいことだ。だから仁者は言葉を控えめにせずにはいられないのだ。」


何人もの弟子が仁について質問しています。ここでは司馬牛がたずねています。孔子の答えがあまりにも簡潔だったので、本当にそんなことでいいのかと半信半疑でした。言葉に慎重になるだけでいいのかと、さらに聞いています。

簡潔な言葉ほど深い意味を含んでいるものです。言葉と行いは結びついています。特に孔子の教えでは、実践することを重んじています。司馬牛は言葉のみを意識していて、言葉には行いが伴うことにまで思いが至っていません。言葉にしたことが実行できないことを恥だとする感性も育まれていないようです。

12月17日

哀公《あいこう》、有若《ゆうじゃく》に問《と》いて曰《い》わく、年《とし》饑《う》えて、用《よう》足《た》らず。之《これ》を如何《いかん》せん。有若《ゆうじゃく》対《こた》えて曰《い》わく、盍《なん》ぞ徹《てつ》せざる。（顔淵篇）

哀公が有若にたずねた。
「今年は飢饉《ききん》で国の財政が厳しい。どうしたらよかろう。」
有若が言った。
「なぜ徹の税率を用いないのですか。」

魯の国の哀公が孔子の弟子・有若に相談しています。当時は気象災害も多かったようで、たびたび飢饉が発生していました。国の財政は逼迫《ひっぱく》していきます。その解決策を有若にたずねています。

有若は孔子とは十三歳違いの優秀な弟子です。孔子に風貌が似ていたと言われています。哀公が信頼して相談できる人物だったことがわかります。

有若の助言は徹の税率を用いることでした。徹とは周代の税制で収穫の十分の一を租税とするものでした。この提案を哀公はどのように受け止めたのでしょう。

この章句は次ページに続きます。

12月18日

曰《い》わく、二《に》も吾《われ》猶《なお》足《た》らず。之《これ》を如何《いかん》ぞ其《そ》れ徹《てつ》せんや。対《こた》えて曰《い》わく、百姓《ひゃくしょう》足《た》らば、君《きみ》孰《たれ》と与《とも》にか足《た》らざらん。百姓《ひゃくしょう》足《た》らずんば、君《きみ》孰《たれ》と与《とも》にか足《た》らん（顔淵篇）

哀公が言った。

「十分の二の税率でさえ足りないのに、どうして十分の一の税率の税制を用いることができようか。」

すると有若が言った。

「民が十分の一の税で足りているのに、君は誰と共に足りないと言うのですか。民が重税で足りないと言っているのに、君は誰と共に足りていると言うのですか。」


君と民はいつの時も共に有るべきものです。十分の二の税率では苦しいのであれば、税率を下げて民の気持ちを少しでも和らげようとは思いませんか。有若は国の財政にしか目のいかない哀公に対して、疲弊している民の気持ちを察することを進言しています。

経済力は健全な社会で民が働いてくれることによって生まれます。民を置き去りにしては本末転倒になってしまいます。実際の政治は単純ではありませんが、民の幸せなくしては成り立ちません。

子貢《しこう》曰《い》わく、
如《も》し博《ひろ》く民《たみ》に施《ほどこ》して、能《よ》く衆《しゅう》を済《すく》う有《あ》らば、何如《いかん》。
仁《じん》と謂《い》うべきか。
子《し》曰《のたま》わく、
何《なん》ぞ仁《じん》を事《こと》とせん。必《かなら》ずや聖《せい》か。堯舜《ぎょうしゅん》も猶《な》お諸《これ》を病《や》めり。
夫《そ》れ仁者《じんしゃ》は己《おのれ》立《た》たんと欲《ほっ》して人《ひと》を達《たっ》す。能《よ》く近《ちか》く
譬《たと》えを取《と》る、仁《じん》の方《みち》と謂《い》うべきのみ。(雍也《ようや》篇)

子貢が言った。

「もし博く民に恵みを施して、多くの人を救う者があればいかがでしょう。仁者と言えますか。」

先生がおっしゃった。

「それができれば仁どころではない。それは聖人であろう。堯や舜という聖天子でも常に心を痛められていたものだ。仁者とは、自分が立とうと思えば先に人を立て、自分が達しようと思えば先に人を達せさせる。これらを身近な日常において行う。これこそが仁の実践方法なのだ。」


子貢の質問はいつも内容が濃く、他の弟子たちとの違いが鮮明です。子貢がたずねた人物像「博く民に施して、能く衆を済う」は立派です。日頃の孔子の教えを踏まえていることがわかります。その質問のレベルの高さに感心しつつ、子貢の述べた人物像は仁者ではなく聖人の域に達していると言いました。

「己立たんと欲して人を立て」は、人と自分を同じくらい大事にするという仁の根本を、実際に行う時の方法と言えます。「己の欲せざる所、人に施すこと勿《な》かれ」という言葉もありますが、それよりも積極的な姿勢です。

12月20日

達巷党《たっこうとう》の人《ひと》曰《い》わく、大《おお》いなるかな孔子《こうし》。博《ひろ》く学《まな》びて名《な》を成《な》す所《ところ》無《な》し。子《し》之《これ》を聞《き》き、門弟子《もんていし》に曰《のたま》わく、吾《われ》何《なに》を執《と》らんか。御《ぎょ》を執《と》らんか、射《しゃ》を執《と》らんか。吾《われ》は御《ぎょ》を執《と》らん。(子罕《しかん》篇)

達巷という村のある人が言った。

「偉大だなぁ、孔先生は。博く学んでなんでもよくできるので、却《かえ》ってこれと言って一芸に秀でるところがなく、名づけることができない。」

それを聞いた先生が弟子たちに向かっておっしゃった。

「では私は何で有名になろうか。御にしようか射にしようか。やっぱり御にしよう。」


この章句は孔子と弟子とのユーモラスなやり取りで、思わず笑ってしまいます。当時の成年男子の必修教科を六芸《りくげい》と言います。書・数・礼・楽・御・射の六つです。御は馬術、射は弓道です。孔子は優秀過ぎて、これと言って何か一つで目立つことがないと言われてしまいます。そこで何か一つをと考え、馬術と弓道のどちらかで、馬術にしようと言いました。孔子の茶目っ気が感じられます。

孔子という人物の本質を見抜けなかった達巷の人の言葉から始まった章句ですが、様々に味わえて楽しい章句です。

樊遅《はんち》仁《じん》を問《と》う。子曰《しのたま》わく、人《ひと》を愛《あい》す。知《ち》を問《と》う。子曰《しのたま》わく、人《ひと》を知《し》る。樊遅《はんち》未《いま》だ達《たっ》せず。子曰《しのたま》わく、直《なお》きを挙《あ》げて諸《これ》を枉《まが》れるに錯《お》けば、能《よ》く枉《まが》れる者《もの》をして直《なお》からしむ。（顔淵篇）

樊遅が仁についてたずねた。

先生がおっしゃった。「仁とは人を愛することだ。」

樊遅は続けて知についてたずねた。

先生がおっしゃった。「人を知るということだ。」

樊遅がまだ理解していないようだったので、先生が続けて話された。

「まっすぐな木材を取り上げて、曲がった木材の上に載せると、いつの間にか曲がった木材がまっすぐになる。これが知である。」


弟子の樊遅の質問に孔子は一言で答えています。仁は人を愛すること。知は人を知ること。単純明快です。知についてはよく理解できていない様子の樊遅を見て孔子は具体的な話をしています。

木材の積み方をたとえ話にしています。この話は哀公にも話しています（11月18日参照）。まっすぐな材を反った材の上に重ねると、まっすぐな材の重みで反《そ》った材もまっすぐになると言いました。よき人物を登用して、その下に未熟な者を置くという人事の方法です。人を知るとはどのように組織を作っていくかということなのです。

樊遅《はんち》退《しりぞ》き、子夏《しか》を見《まみ》て曰《い》わく、郷《さき》に吾夫子《われふうし》に見《まみ》えて知《ち》を問《と》う。
子曰《しのたま》わく、直《なお》きを挙《あ》げて諸《これ》を枉《まが》れるに錯《お》けば、能《よ》く枉《まが》れる者をして直《なお》からしむ。何《なん》の謂《い》いぞや。
子夏曰《しかい》わく、
富《と》めるかな言《げん》や。舜天下《しゅんてんか》を有《たも》ちて、衆《しゅう》に選《えら》びて、皐陶《こうよう》を挙《あ》げしかば、不仁者《ふじんしゃ》遠《とお》ざかりき。湯天下《とうてんか》を有《たも》ちて、衆《しゅう》に選《えら》びて、伊尹《いいん》を挙《あ》げしかば、不仁者《ふじんしゃ》遠《とお》ざかりき。(顔淵篇)

樊遅は退出してから、子夏に会った時に質問した。「先生に知について質問したら、『直きを挙げて諸を枉れるに錯けば、能く枉れる者をして直からしむ』とおっしゃいました。一体、どういう意味でしょう。」と。子夏が言った。「なんと豊かな内容なのだろう。先生のお言葉は。昔、舜が天下を治めた時、民衆の中から選んで皐陶を登用した。すると不仁の者が去った。また殷の湯王が天下を治めた時、民衆の中から選んで伊尹を登用した。すると不仁の者が去った。先生が人を知るとおっしゃったのは、このような意味なのだ。」

前ページの章句の続きです。樊遅の理解はなかなか深まらなかったようです。兄弟子の子夏は学者肌で穏やかな人物です。樊遅は質問した相手がよかったですね。何よりも孔子の言葉に感激して、その気持ちが樊遅への説明にも表れています。

古の聖人・舜と湯王の人材登用を例に挙げて諭すように話しています。子夏の優秀さも光る章句です。

出身地も異なり、異年齢で、学問の習熟度も異なる弟子たちが集まる中で学ぶということは刺激的でもあり、人間力を磨くには最高の環境だったでしょう。『論語』は人間模様だと話された恩師の言葉を思い出します。

子曰《しのたま》わく、
小子《しょうし》何《なん》ぞ夫《か》の詩《し》を学《まな》ぶこと莫《な》きや。
詩《し》は以《も》って興《きょう》すべく、以《も》って観《み》るべく、
以《も》って怨《うら》むべし。
之《これ》を近《ちか》くしては父《ちち》に事《つか》え、之《これ》を遠《とお》くしては
君《きみ》に事《つか》う。
多《おお》く鳥獣草木《ちょうじゅうそうもく》の名《な》を識《し》る。（陽貨篇）

先生がおっしゃった。
「お前たちはどうしてあの詩を学ばないのかねぇ。詩は人の心を奮い立たせて、広く物を観て、人と和やかに交わり、その上、恨みの感情もうまく表現することができる。身近なところでは父に仕え、遠くしては君に仕えることを知り、鳥獣草木の名前まで知ることができる。是非、学んでほしいものだ。」

詩は『詩経』を指しています。孔子の『詩経』への思いが語り尽くされています。詩は私たち心の中にある感性を掘り起こしてくれます。人とのつき合い方、物の見方、そして親や目上の人に対する態度まで知ることができます。

人間は自然の摂理の中で生きています。季節や自然にも敏感でありたいです。孔子は鳥獣草木の名前まで知ることができると言っています。

弟子たちにとってもう一つ大事なことは、政治や外交の場で教養として詩を身につけていなければならないということです。

孔子が弟子に求めるものが、詩には詰まっています。

葉公《しょうこう》、孔子《こうし》を子路《しろ》に問《と》う。
子路《しろ》対《こた》えず。
子曰《しのたま》わく、
女奚《なんじなん》ぞ曰《い》わざる。其《そ》の人《ひと》と為《な》りや、
憤《いきどお》りを発《はっ》して食《しょく》を忘《わす》れ、楽《たの》しみて以《も》って憂《うれ》いを忘《わす》れ、
老《おい》の将《まさ》に至《いた》らんとするを知《し》らざるのみ。（述而篇《じゅつじ》）

葉公が、孔子の人となりを子路にたずねたが、子路は答えなかった。
それを聞いた先生がおっしゃった。
『お前はなぜこう言わなかったのか。生まれつき学問が好きでわからないことがあると発憤して学問に熱中し、食事も忘れ、その道を会得すると喜び楽しんで、心配事も忘れてしまう。そして老いの来るのも忘れている。このようになぜ言わなかったのか。』

葉という地方の長官に孔子の人柄を聞かれて子路は答えませんでした。葉公が孔子とは異なる価値観を持っていて、先生のことを語るほどの相手ではないと思ったのか、あるいは葉公の質問の仕方に敬意が感じられなかったのかもしれません。そういうことには敏感で男気があるのが子路です。

発憤忘食《はっぷんぼうしょく》はこの章句が出典の四字熟語です。孔子は自分自身を明快に語っています。学問に熱中すると食事も忘れ、道を究めていくことに喜びを感じ心配事も忘れてしまう。いつの間にか年を取っていることも忘れている。ここまで自信を持って自分を語れることが羨《うらや》ましいです。

子貢《しこう》曰《い》わく、貧《まず》しくして諂《へつら》うこと無《な》く、富《と》みて驕《おご》ること無《な》きは何如《いかん》。子曰《しのたま》わく、可《か》なり。未《いま》だ貧《まず》しくして道《みち》を楽《たの》しみ、富《と》みて礼《れい》を好《この》む者《もの》には若《し》かざるなり。（学而篇）

子貢が孔子にたずねた。
「貧しくても諂うことがなく、富んでも驕り高ぶらない人はいかがでしょう。」
先生がおっしゃいました。
『まずまず結構な人物だね。しかし貧しくても心豊かに人の道を行くことを楽しみ、富んでも礼を好む者には及ばないね。』」

この章句でも孔子は子貢との会話を楽しんでいるように感じます。子貢が挙げた人物は、貧しくても卑屈にならない、豊かになっても威張らない人です。孔子の挙げた人物は貧しくても道を楽しみ、豊かになってもますます礼を好むような人です。

子貢の挙げた人物も悪くはないですが、それを越える人物について孔子は語りました。子貢にはさらに上を目指してほしかったのだと思います。孔子の教えをよく理解できる子貢だからこそ孔子も高いレベルを求めるのです。

この章句は次ページのように続きます。

子貢《しこう》曰《い》わく、
詩《し》に云《い》う、切《せっ》するが如《ごと》く磋《さ》するが如《ごと》く、
琢《たく》するが如《ごと》く磨《ま》するが如《ごと》しと。
其《そ》れ斯《これ》を之《これ》謂《い》うか。
子《し》曰《のたま》わく、
賜《し》や始《はじ》めて与《とも》に詩《し》を言《い》うべきのみ。
諸《これ》に往《おう》を告《つ》げて来《らい》を知《し》る者《もの》なり。（学而篇）

子貢が言った。

「『詩経』の中に、切するが如く磋するが如く、琢するが如く磨するが如し、と言う一節があります。今の先生のお言葉と同じでありましょうか。」

先生は感激しておっしゃった。

『賜や、お前と初めて詩を通じて語れるようになったよ。お前こそ、ひとつのことを教えたら、次のことがわかる者だ。」


『詩経』の一節は、切磋琢磨という四字熟語の出典です。動物の骨や角、あるいは玉と言われる堅い石などを粗く切って、その後、根気よくやすりをかけて目指す形にします。磨きをかけて徐々に理想の形に近づけていくことです。

子貢の示した人物像に対して、孔子はその上の人物像を示しました。このことを子貢は切磋琢磨と重ねました。子貢の聡明《そうめい》さを孔子は喜び、褒めています。

初めて共に詩を語れるようになったとは、最高の褒め言葉です。

曽子《そうし》疾《やまい》有《あ》り、門弟子《もんていし》を召《め》して曰《い》わく、予《よ》が足《あし》を啓《ひら》け、手《て》を啓《ひら》け。詩《し》に云《い》う、戦戦兢兢《せんせんきょうきょう》として、深淵《しんえん》を臨《のぞ》むが如《ごと》く、薄氷《ひょうはく》を踏《ふ》むが如《ごと》しと。今《いま》よりして吾免《われまぬが》るるを知《し》るかな、小子《しょうし》。（泰伯《たいはく》篇）

曽子が自分の死が近いことを悟り、弟子たちを枕元に集めて言った。「私の手足を見てごらんなさい。詩経に『恐れおののいて深い淵《ふち》を臨むように、薄氷を履むように』とあるが、これからはそんな気遣いもせずにすむ。そうだろう、みんな。」

孔子の弟子の曽子が自分の死期を悟り、自らの弟子たちを集めて語っている場面です。寝巻をめくって、手足を見るように言っています。大きなけがのあともない、病気のあともないことを確かめさせています。

自分の体は親からもらった大事なものなので、細心の注意を払って生きてきたというのです。それはまるで深い淵を覗《のぞ》くように、また薄氷を踏むような注意深さだったということです。死を前にして『詩経』の詩の一節を引用する所に曽子らしさが感じられます。自分を大事にすることは忘れてはいけないですね。自分を大事にするから、人のことも大事にできるのです。

子曰《しのたま》わく、
出《いで》ては則《すなは》ち公卿《こうけい》に事《つか》え、
入《い》りては則《すなわ》ち父兄《ふけい》に事《つか》え、
喪《も》の事《こと》は敢《あ》えて勉《つと》めずんばあらず。
酒《さけ》の困《みだれ》を為《な》さず。
何《なに》か我《われ》に有《あ》らんや。（子罕《しかん》篇）

先生がおっしゃった。
「役所に出たら、高官によくお仕えして、家では父や兄によく仕える。葬儀や服喪については全力で尽くす。酒は飲んでも乱れることがない。これ以外私に何があると言うか。」

社会人の心得として、今でも通用する内容です。またお酒の飲み方にも触れているところに孔子らしさが出ています。お酒は飲んでも乱れてはいけないということです。自分でブレーキを掛けられることが大事です。祖父はよく酒品という言葉を言っていました。飲んでも品よくしていなければならない。それができないのであれば飲むなと。大人になるにつれ、意識するようになりました。

社会人としても家庭でも、結局誠実であることが大事です。何ごとにも手を抜かない姿勢は、人の心に響きます。孔子のように自分の人生を自信を持って語れるようになりたいものです。

曽子《そうし》、疾《やまい》有《あ》り、孟敬子《もうけいし》之《これ》を問《と》う。
曽子《そうし》言《い》いて曰《い》わく、
鳥《とり》の将《まさ》に死《し》なんとするや、其《そ》の
鳴《な》くや哀《かな》し。
人《ひと》の将《まさ》に死《し》なんとするや、其《そ》の
言《い》うや善《よ》し。（泰伯篇）

曽子が見舞いに来た孟敬子に向かって言った。
「昔の言葉に、『鳥の将に死なんとするや、其の鳴くや哀し。人の将に死なんとするや、其の言うや善し』とあります。私の最後の言葉を聞いて下さい。」

死期が迫った曽子のところに、魯の大夫・孟敬子が見舞いに来た際のやり取りです。鳥がまさに死のうとしている時の鳴き声は哀しい。人がまさに死のうとする時の言葉は善言である、と言っています。

曽子は最後の機会として、なんとしても伝えたいことがありました。残りの力を振り絞って話し始めます。

それが次ページの章句です。

君子《くんし》の道《みち》に貴《たっと》ぶ所《ところ》三《みっ》有《あ》り。容貌《ようぼう》を動《うご》かして、斯《ここ》に暴慢《ぼうまん》に遠《とお》ざかり、顔色《がんしょく》を正《ただ》しくして、斯《ここ》に信《しん》に近《ちか》づき、辞気《じき》を出《いだ》して、斯《ここ》に鄙倍《ひばい》に遠《とお》ざかる。籩豆《へんとう》の事《こと》は、則《すなわ》ち有司《ゆうし》存《そん》す。（泰伯篇）

曽子の言葉の続き
「君子には重んじるべき道が三つある。第一に立ち居振る舞いは丁寧にし、人を見下すような態度はしない。第二に顔色を正しくして誠実な心を表すようにする。第三に言葉遣いも礼から離れないようにする。祭祀《さいし》にあたっては、担当の者に任せる。」

これも現代でも通用する内容です。上に立つ者は、行い、表情、言葉の三つに留意しなければなりません。孔子の数々の言葉もほとんどこの三つについて述べています。もしこれに加えるものがあるとすれば、志を持ち、私利私欲から遠ざかることです。

この臨終の場面には曽子の人柄が出ています。取り乱すこともなく、穏やかに語っています。孔子の信頼が篤《あつ》かったのも納得できます。孔子が発した言葉は曽子のような多くの弟子たちによって次の世代に伝わっていきました。先人が遺してくれた善言は、触れて、味わって、遺すことを私たちも実行しなければいけないですね。

12月31日

子曰《しのたま》わく、
命《めい》を知《し》らざれば、
以《も》って君子《くんし》為《た》ること無《な》きなり。
礼《れい》を知《し》らざれば、
以《も》って立《た》つこと無《な》きなり。
言《げん》を知《し》らざれば、
以《も》って人《ひと》を知《し》ること無《な》きなり。（堯曰《ぎょうえつ》篇）

先生がおっしゃった。
「天命を知らなければ、君子とは言えない。礼を知らなければ、世に立つことができない。言を知らなければ、人を知ることができない。」

これは『論語』の最終章句です。君子が君子たる三つのことが述べられています。知命、知礼、知言。命《めい》は天から与えられたものです。礼は人間関係の根本です。品位や文化も含まれます。言は単に言葉だけではなく、その言葉に含まれる人の心の声や真意のことも意味します。

孔子は礼を重んじました。礼を学ばなければ、世に立つことはできないと、息子の鯉《り》に話しています。重要なものであることは間違いありません。言葉も行いも礼があって初めて正しくなります。天という大きな自然の摂理の中で、私たちは自分の命を追求しながら、誠実に生きることを期待されているのです。

〈著者略歴〉
安岡定子（やすおか・さだこ）
1960年東京都生まれ。二松學舎大学文学部中国文学科卒業。政財界の精神的指導者として知られた安岡正篤師の孫。2005年より、子ども向けの論語塾をスタート。2008年に発刊された『こども論語塾』（明治書院）がシリーズ30万部を超えるベストセラーとなり、子ども論語ブームの火付け役となる。論語教育の第一人者として、全国各地で開催している定例講座は20か所以上に及び、これまで指導してきた子どもの数は2000人以上。また、自らも母親として二人の子を育ててきた。現在は企業やビジネスマン向けセミナーにも精力的に取り組んでいる。『楽しい論語塾』『お腹の中の赤ちゃんに読み聞かせる0歳からの論語』（ともに致知出版社）、『ドラえもん はじめての論語』（小学館）『心を育てるこども論語塾』『仕事と人生に効く 成果を出す人の実践論語塾』（ともにポプラ社）など著書多数。

一日一語、はじめて読む人の
論語入門 三六五

令和七年一月三十日第一刷発行

著　者　安岡　定子

発行者　藤尾　秀昭

発行所　致知出版社

〒150-0001東京都渋谷区神宮前四の二十四の九

TEL（〇三）三七九六―二一一一

印刷　㈱ディグ　製本　難波製本

落丁・乱丁はお取替え致します。　（検印廃止）

ISBN978-4-8009-1322-7 C0095
ホームページ　https://www.chichi.co.jp
Eメール　books@chichi.co.jp

装幀――秦　浩司
本文デザイン――フロッグキングスタジオ